Georg von Schimpff

Aus dem Leben der Königin Carola von Sachsen

Georg von Schimpff

Aus dem Leben der Königin Carola von Sachsen

ISBN/EAN: 9783742890122

Hergestellt in Europa, USA, Kanada, Australien, Japan

Cover: Foto ©ninafisch / pixelio.de

Manufactured and distributed by brebook publishing software
(www.brebook.com)

Georg von Schimpff

Aus dem Leben der Königin Carola von Sachsen

Aus dem Leben

der

Königin Carola von Sachsen

zur

fünfundzwanzigjährigen Regierungs-Jubelfeier
Seiner Majestät des Königs und Ihrer Majestät der Königin

zusammengestellt durch

Oberst z. D. von Schimpff

1898

Leipzig
J. C. Hinrichs'sche Buchhandlung

Berlin
E. S. Mittler & Sohn, Kgl. Hofbuchhdlg

Inhalt.

I.

Prinzeſſin.

1833—1854.

Erste Jugendzeit.

Das Haus Holstein Gottorp ist ein mächtiges und weitver=breitetes. Die ältere Linie gelangte mit Herzog Peter, Kaiser Peter III. Feodorowitsch, 1762 auf den Thron von Rußland. Von der jüngeren Linie wurden Mitte des 18. Jahrhunderts Herzog Adolf Friedrich König von Schweden, Herzog Friedrich August Herzog von Oldenburg. Vom schwedischen Aste des Hauses entsagte Gustav IV. Adolf 1809 auf dem Schlosse Gripsholm der Krone. Er war seit 1797 mit Friederike, des Erbprinzen Carl Ludwig von Baden Tochter, vermählt. Sein am 9. November 1799 geborener Sohn Gustav, welcher 1829 den Namen „Prinz von Wasa" annahm, vermählte sich am 9. November 1830 mit Prinzessin Louise, der am 5. Juni 1811 geborenen Tochter des Großherzogs Carl Ludwig Friedrich von Baden und der Großherzogin Stephanie, Adoptivtochter des Kaisers Napoleon I. Prinz Gustav und Prinzessin Louise von Wasa sind die Eltern der Königin Carola.

Königin Carola wurde am 5. August 1833 nachts 11 Uhr im Schönbrunner Kaiserhause geboren. Der anwesende K. K. Oberst hofmarschall Fürst Colloredo bestätigte als Hofkommissar die Echtheit des Kindes.

Prinzessin Louise von Wasa war mit der im Lustschlosse Schönbrunn wohnenden Erzherzogin Sophie befreundet und ver

wandt; der Vater der Prinzessin und die Mutter der Erzherzogin
waren Geschwister. Beide hohe Frauen erwarteten ihre Niederkunft,
und Kaiser Franz hatte Prinzessin Louise, der er sehr geneigt war,
angeboten, das Kaiserhaus, das sogenannte Stöckl*), zu bewohnen,
um dem Schönbrunner Lustschlosse und der dort stets bereiten
Hilfe nahe zu sein. Die gütige Rücksichtnahme des Kaisers zeigte
sich auch durch die bei seiner Abreise erlassene Anordnung, daß
während neun Tagen nach der Geburt die Durchfahrt durch die
Schönbrunner Hauptallee auf der Hietzinger Seite täglich abends
um 7 Uhr geschlossen und erst von früh 9 Uhr an wieder gestattet
werden sollte.

Das Kaiserstöckl liegt am Ausgangsthore des Schönbrunner
Parkes auf die Hietzinger Straße. Es hat Erdgeschoß, ein erstes
Stockwerk mit sehr hohen und ein zweites mit niedrigen Zimmern.
Es ist Mitte des 18. Jahrhunderts in der Regierungszeit der
Kaiserin Maria Theresia erbaut worden und hat, von den Fürsten
Kaunitz und Metternich an, meist den Ministern des Äußeren
als Sommerwohnsitz gedient.

Die feierliche Taufe der kleinen Prinzessin im evangelischen
Glauben Augsburger Bekenntnisses wurde durch den Wiener
Superintendenten Pauer Mittwoch, den 7. August, mittags 12
Uhr, im Schönbrunner Kaiserhause vollzogen. Taufpaten waren
Kaiser Franz I. und Kaiserin Caroline von Österreich, die ver-
witwete Großherzogin Stephanie von Baden, der Großherzog
August, die Großherzogin Cäcilie von Oldenburg und die

*) Unter „Stöckl" versteht man in Wien ein kleines, freistehendes
Palais oder Landhaus. Es giebt auch im Augarten ein kaiserliches
Stöckl, welches einst dem Kaiser Joseph als Jagdschlößchen diente.

Prinzeſſin Amalie von Schweden. Das abweſende Kaiſerpaar wurde durch die Oberſthofmeiſterin der Erzherzogin Sophie, Fürſtin Charlotte Kinsky, vertreten. Die kleine Prinzeſſin erhielt die Namen Caroline Friederike Franziska Stephanie Amalie Cäcilie.

Obgleich Caroline getauft, wurde die Prinzeſſin ſchon von ihrer erſten Jugend an Carola*) genannt, teils weil ihre Mutter dieſe Form hübſcher fand, teils weil ſie durch den Namen Caroline an eine früh verſtorbene Couſine und Freundin, Prinzeſſin Caroline von Bayern, Tochter des Königs Max Joſeph, erinnert wurde.

Prinz Guſtav von Waſa diente zu dieſer Zeit als General= major und Brigadier in der öſterreichiſchen Armee. Seine Garniſon war Wien. Bei ſeiner Verheiratung hatte er ſich in dem ermieteten auf der von der Burg nach dem Schottenhofe führenden Herren= gaſſe gelegenen Palais der Herzogin Beatrix von Modena fürſtlich eingerichtet. Sommerſitze waren ein Landhaus in Hacking bei Wien und Schloß Eichhorn in Mähren. Der Winter wurde in Wien zugebracht, wo Prinz und Prinzeſſin von Waſa bei Hofe und in der Geſellſchaft ſehr gern geſehen waren. Die kleine Prinzeſſin Carola verkehrte viel mit den in gleichem Alter ſtehenden Erzherzögen und Erzherzoginnen, ſowie mit den Töchtern des Fürſten Carl Liechtenſtein, Eliſe, Franziska und Marie, mit Prinzeſſin Roſa Lobkowitz und Gräfin Caroline Fünfkirchen. Ein Miniaturporträt**) der Prinzeß zeigt ein dunkelblondes Locken= köpfchen mit lächelndem Munde und blauen Augen.

---

*) Cãrõla.
**) Es iſt im Beſitze der Gräfin Caroline Fünfkirchen. Die Schweſter von deren Mutter, Gräfin Praſchma=Wurmbrand, war Oberſthofmeiſterin der Prinzeſſin Waſa und erhielt es bei ihrem Abſchiede.

Eichhorn.

Da der Sommeraufenthalt sich immer mehr verlängerte, oft bis zum Spätherbst, wurde Eichhorn die eigentliche Kindesheimstätte der Prinzessin.

Das Thal der Schwarzawa, des bedeutendsten Flusses in Mähren, zieht sich von Brünn in nordwestlicher Richtung hin und bietet eine Menge von Naturreizen. Das westlich Brünn enge Thal öffnet sich allmählich und geht in eine breite Ebene mit herrlichen Wiesen und Feldern über, zwischen denen das freundliche Dorf Sebrowitz liegt. Von da führt die Landstraße immer in der Nähe des Flusses, welcher durch die an ihn herantretenden Berge zu zahlreichen Windungen genötigt wird, über Komein und Bysterz zu der altehrwürdigen, einst landesfürstlichen Burg Eichhorn. Schroff aufsteigende und meist von buschigem Dickicht versteckte Felsen tragen das dicke Gemäuer. Der Felsrücken, auf dem die gut erhaltene Burg steht, ist durch eine tiefe Schlucht in zwei Teile getrennt, welche durch eine steinerne Brücke mit kühn gewölbtem Bogen verbunden sind. Über die gewaltigen Ringmauern ragen uralte Warttürme, ein massiv viereckiger und zwei runde mit spitzen Ziegeldächern, empor. Der Sage nach soll Herzog Konrad, welcher um die Mitte des 11. Jahrhunderts Mähren beherrschte, diese Burg erbaut und Eichhorn benannt haben, weil er hier bei einer Rast im Walde von einem schönen Schlosse träumte und beim Erwachen eine ungewöhnlich große Anzahl Eichhörnchen in den Bäumen ringsumher bemerkte. Unweit des Schlosses liegt der Marktflecken Eichhorn Bitischka in einer gut bebauten Thalweitung und weiter fluß

aufwärts, in einer etwas größeren, das freundliche Tischnowitz am
Fuße der mehr als 200 m über die Thalsohle aufragenden,
bewaldeten Kwietnitza. Die schöne Kirche des Städtchens besitzt
ein prachtvolles, mit den zwölf lebensgroß in Stein gehauenen
Aposteln geschmücktes Portal. Das von dem heiligen Heinrich
und dessen Gemahlin, der heiligen Kunigunde, erbaute, unter
Kaiser Joseph aufgehobene Kloster der Cisterzienser, desselben
Ordens, welchem auch die beiden noch in Sachsen bestehenden
Klöster angehören, hat düstere, alte Kreuzgänge. Von hier aus
gegen Norden wird das Thal der Schwarzawa wieder enger.
Bei dem Markte Nedwieditz zweigt sich gegen Westen ein Seiten
thal ab, von dessen nördlichem Rande ein steiler, zum Teil
bewaldeter Felsenhügel aus Glimmerschiefer vorspringt, auf dem
die sagenberühmte, stolze Burg Pernstein wie ein Märchen aus
alter Zeit herüberschimmert.

Der Grundriß des Schlosses Eichhorn ist ein eigentüm
licher, fast wie ein schiefes Dreieck in zwei Teilen, verbunden
durch eine lange und breite Terrasse, die ausschließlich dem
Aufenthalte der Herrschaft vorbehalten war und der kleinen
Prinzessin häufig als Spielplatz diente. Die Wohnräume der
Tochter lagen neben denen der Mutter. Der kleine Salon
hatte einen Balkon, der über felsigem Abgrunde die Aussicht
in das zwischen hohen Wänden von Felsen und Laubwald liegende,
mit üppigen, grünen Wiesen bedeckte Thal der Schwarzawa bot,
in dem sich auch das bewegliche Leben der darin hinziehenden
Fahrstraße abspielte. Stallungen und Wirtschaftsgebäude be
fanden sich jenseits der Bogenbrücke auf der gegenüberliegenden
Berghöhe, Küchengarten und Warmhäuser unten im Thal. Es

gab wundervolle Spaziergänge, aber immer nur bergauf, bergab.
Prinzeſſin Carola war ein zurückhaltendes, etwas ſchüchternes
Kind, das, wenn es auch wohl ſehr luſtig und heiter ſpielen
und lachen konnte, doch mehr einen nachdenkenden Eindruck
machte. Zärtlich von ihrer Mutter geliebt, wurde ſie doch ſtreng
gehalten und erzogen. Das gütige Mutterherz war oft ängſtlich
mit Wohlbefinden, Wachstum, Gedeihen und Ausſehen beſchäftigt,
die kleine Prinzeſſin wurde aber durchaus nicht verweichlicht oder
mit Geſchenken, Anzügen und Spielſachen verwöhnt. Prinzeſſin
Carola hatte als Erzieherin die gutherzige, lebhafte und geſcheite
Tochter eines engliſchen Geiſtlichen, Miß Kitty Sutton, und wenn
auch zuweilen Tintenflecke an den kleinen Fingern Zeugnis gaben
von mühſamen Schreibſtudien, ſo kamen doch nie irgendwelche
Schwierigkeiten oder Unzufriedenheiten bei dem Unterricht vor.
Auf zwei Wegſtunden Entfernung von Eichhorn lag der
Beſitz Tiſchnowitz, dem Reichsfreiherrn von Vittinghoff-Schell
gehörend, nicht ſo romantiſch wie Eichhorn, aber auch in ſehr
freundlicher, bergiger Gegend. Mit der freiherrlichen Familie
unterhielten die Prinzeſſinnen einen lebhaften Verkehr, nur bis-
weilen geſtört durch ſchlechte Gebirgswege oder durch die zu
durchfurtende, durch plötzliche Gewitterregen zu einem reißenden
Strome anſchwellende Schwarzawa; auch wollten die Pferde
zuweilen nicht durch das Eis am Ufer des Fluſſes, und man
war zur Umkehr gezwungen. Da gab es dann manchmal, beſonders abends im Dunkel, Angſt und Schreck ohne eigentliche
Gefahr oder auch letztere, ohne ſich ihrer beſonders bewußt zu
werden. Prinzeſſin Carola ſchloß ſich beſonders an die zweite
Tochter des Hauſes, Sophie, an. Gebildet, voller Herzensgüte

und humorvoller Munterkeit, war sie ein sehr liebenswürdiger Umgang und blieb die bevorzugte Gespielin und Freundin während der Kindheit und ersten Jugend der Prinzessin. Besonders gefeiert wurde in Eichhorn der 25. August, der Namenstag der Prinzessin Waja. Es gab dann meist ein großes Volksfest in einem der schönen Thäler am Fuße des Schloßberges und abends Tanz im hell erleuchteten Schlosse. Bei einem dieser Feste trug Prin= zessin Carola die kleidsame Tracht des Landvolkes. Sie sah reizend aus in dem kurzen, weitfaltigen, bunten Röckchen, in weißer Schürze, roten Strümpfen, dem seidenen gestickten Mieder, den weiten, weißen Puffärmeln; das rote Kopstuch zu den blauen, dunkelbeschatteten Augen erhöhte die Schönheit des lebhaft ge= röteten Gesichtchens. Die Leute drängten ihr nach, um sie zu sehen, und waren stolz darauf, daß die Prinzessin nicht verschmähte, die gleiche Kleidung mit den Bauern zu tragen. Eichhorn war das Kindesparadies der Prinzessin, die Zeiten verflossen dort harmlos und heiter. Jede Stunde verlangte ihre bestimmte Thätigkeit, jeder Tag bot seine eigentümliche Freude. Über allem strahlte das Licht der Mutter= und Kindesliebe.

Prinz und Prinzessin Waja wurden im Sommer 1844 ge= schieden. Prinzessin Carola blieb mit ihrem Vater stets in gutem, herzlichem Verkehr; sie sah ihn fast jedes Jahr einige Zeit am dritten Orte. Die Prinzessin Waja hatte den großen Wunsch Eichhorn zu erwerben, die Umstände erlaubten es nicht. Der schöne Wohnsitz mußte aufgegeben werden. Es schlug die Stunde der Trennung von der ehrwürdigen Burg, von dem mächtig rauschenden Walde, von den frischgrünen Rasenflächen ihrer Um= gebung, von dem brausenden Flusse. Nirgends ist die Welt so schön, wie an dem Orte, wo man seine Kindheit verlebte. Es war der erste Kummer, der das Herz der Prinzessin Carola traf; sie liebte Eichhorn schwärmerisch und glaubte nirgend anders leben zu können.

Morawetz.

Da Prinzessin Wasa ihrer Tochter unbedingt eine Heimat schaffen und erhalten wollte, hatte sie von Gräfin Sidonie Fünfkirchen, geb. Gräfin Chotek, die Herrschaft Morawetz gekauft und siedelte im August 1846 dahin über. Die Herrschaft war ein bedeutender Besitz, über 2000 ha groß, bestand aus Wald und Feld und hatte schöne Jagd. Eine Straße, welche bei Tischnowitz die Schwarzawa verläßt, führt über Zdiaretz nach Morawetz auf das bis nahe 600 m über das Meer sich erhebende Hochland, einen Teil des zwischen der Schwarzawa und Iglawa sich ausbreitenden Plateaus von Saar. Die Landschaft zeigt bald flache, bebaute Terrainwellen, bald schöne Nadelholzwälder, dann wieder steile, mitunter felsige Abstürze und die blitzenden Spiegel zahlreicher Teiche. Die Straßen sind meist von schattigen Bäumen eingesäumt. Vier prachtvolle Lindenalleen führen in das Dorf Morawetz des Bystritzer Bezirks im Iglauer Kreise. Es zählt etwa 300 Einwohner slavischer Nationalität, die ihren Erwerb in der Landwirtschaft finden, hat Pfarre und Schule und ein sehr ansehnliches Schloß. Obwohl nur mit Schindeln gedeckt, ragte der alte Bau, einst zweistöckig und mit vier Türmen versehen, stolz empor. Das Schloß brannte ab; auf sein Erdgeschoß wurde nur ein Stockwerk ohne Türme wieder aufgesetzt;

dennoch boten 63 Zimmer und 3 große Säle weiten Raum. Zwei Eingänge, der eine an der Ost-, der andere an der Nordseite, führen in das Schloß; aus diesem leitet unmittelbar ein Gang in die Pfarrkirche, frühere Schloßkapelle.

Morawetz war nicht so schön wie Eichhorn. Das Klima war rauher, der Wald nicht in unmittelbarer Nähe, die Aussicht nicht malerisch. Dafür bot es große Annehmlichkeiten im Inneren, es war bequem und heimlich zu bewohnen. Ein langer, geschlossener Gang führte vom ersten Stock des Schlosses in den hoch gelegenen Garten. Eine herrliche, dichte, Schatten gewährende Linden- und Kastanienallee durchschnitt den an einem Hügel sich hinaufziehenden großen Park. Gelegenheit zu weiteren Spaziergängen boten die duftenden Tannenwälder. Besonders beliebt war der reizende Küchelberg, von dessen Gipfel sieben Alleen nach den verschiedenen Ortschaften der Herrschaft hinabführten. Prinzessin Carola, die mehrere Winter und Sommer in Morawetz zubrachte, gewann den Landsitz ungemein lieb, er wurde ihr eine wirkliche Heimat. Treue gegen den heimatlichen Boden bildete einen Teil der in hohem Maße bei ihr vorhandenen Eigenschaften der Treue und Anhänglichkeit.

In Mitte der dreißiger Jahre stehend, war Prinzessin Waia mit dem edlen griechischen Profil und den großen, blauen Augen noch von seltener Schönheit. Infolge ihres Herzleidens und heftigen Asthmas hüllte sie sich in Mantillen und Spitzentücher. Es gab wohl kaum ein liebevolleres Zusammenleben als das der Prinzessin Carola mit ihrer Mutter. Es kann kein treffenderes Beispiel dieses innigen und zutraulichen, aber doch gehorsamen und unterthänigen Verhältnisses der Tochter gegenüber der Mutter geben als einen Brief der Prinzessin Carola, in dem sie während eines Aufenthaltes bei ihrem Vater schreibt:

Hacking, den 12. August 1846.

Einzig geliebte, herzensgute Mama!

Ich danke Dir von ganzem Herzen für Deinen lieben Brief, der mir so wie immer, wenn ich von Dir getrennt bin, eine unendliche Freude machte. Nachdem ich meinen Brief ge= schrieben hatte, spielte ich Klavier; nach dem Essen ging ich mit der Gräfin*) in den Garten, und um $\frac{1}{2}$7 Uhr kamen die zwei jüngsten Erzherzöge mit dem Grafen, ich glaube Coronini. Wir gingen im Garten spazieren, und um 8 Uhr tranken wir Thee. Ich bitte Dich recht sehr um Verzeihung, liebe Mama, gestern abend blieb ich bis ungefähr $\frac{1}{2}$10 Uhr auf, weil Erzherzog Franz bis $\frac{1}{2}$9 Uhr exerzieren mußte und erst um 9 Uhr mit Grafen Bombelles kam. Heute gehen sie nach Baden und morgen nach Ischl. Der zweite sieht außerordent- lich meinem Cousin Wilhelm ähnlich und der dritte dem Erzherzog Ludwig. Soeben komme ich von der Tante zurück, die mich hat rufen lassen, weil die Herzogin von Parma Marie Louise sie besuchte. Heute abend geht Miß Kitty nach Rodaun. Die Gräfin empfiehlt sich Dir, liebe Mama, und wird Dir morgen schreiben. Seit Montag, liebe Mama, trinke ich Eichelkaffee, und Marie wird heute meinen Leberthran mit= bringen. Gestern fragte Erzherzog Max, wie lange ich hier bliebe, und Tante Amalie sagte: bis zum 18. oder 20. Heute

---

*) Gräfin Otting, Obersthofmeisterin der Prinzessin Wasa.

ist Papa seit 3 Uhr in der Stadt. Ich danke Dir noch tausend=
mal, liebe, vielgeliebte Mama, für Deinen lieben, gütigen Brief
und küsse Deine lieben Hände ehrfurchtsvoll und bleibe immer,
liebe, teure Mama,

Deine Dich von innigem Herzen liebende, dankbare, ewig treue
Carola.

Es gab wohl keine Frau, die so wie Prinzessin Wasa
nur ihrem Kinde gelebt und ebenso geistreich, wie lebhaft die
Erziehung desselben überwacht und geleitet, sowie dabei nie der
Schwäche mütterlicher Liebe im unrichtigen Augenblicke trotz ängst=
licher Zärtlichkeit nachgegeben hat. Auch in den Wissenschaften,
bei Ausbildung der Talente der Prinzessin Carola war nur der
Wille und Einfluß der Mutter maßgebend. Als Erzieherin trat
Amalie von Ungern-Sternberg an ihre Seite, ein durch Geistes=
gaben dazu berufenes Fräulein, die Prinzessin Carola lieb=
gewann. Sie kam nach dem Austritt aus dem Hause der Prin=
zessin Wasa zur einzigen Tochter des Prinzen von Preußen,
nachherigen Kaisers Wilhelm I., der jetzigen Großherzogin von
Baden.

Obersthofmeister der Prinzessin Wasa war Baron Galen.
Der alte Herr entstammte einer westfälischen Familie und war
Major in der österreichischen Armee gewesen, deren Uniform er
noch bei größeren Gelegenheiten trug. Er leitete den Haus=
halt der Prinzessin, hatte das Auftreten eines Gentleman, sprach
sehr korrektes Deutsch, trug eine blonde Perücke und hatte ein
zurückhaltendes, wortkarges Wesen. Seine sehr gütige, wohl=
wollende und lebhafte Frau gehörte nicht zum Haushalte der

Prinzessin, sondern hatte ihre eigene ständige Wohnung in Brünn, wo sie lebte, seit ihr Mann den Militärdienst verlassen hatte, und kam nur auf oft wochenlangen Besuch nach Morawetz. Im Bedarfsfalle vertrat sie später die Stelle der Obersthofmeisterin, nachdem die verwitwete Gräfin Otting aus dieser geschieden war. Das Faktotum im Hause war Kammerdiener Kölitz. Er war der Sohn der Kinderfrau der Prinzessin Wasa, eine Art Erbstück, ein treuer und anhänglicher Diener. Die beiden Be dienten Paul und Ulirz waren Mähren, ersterer gleichsam als Inventar beim Kaufe von Morawetz mit übernommen. Nach dem Tode der Prinzessin Wasa ging Kölitz in die Dienste der Kronprinzeß Carola über, ebenso der Koch Victor, der ausge zeichnet kochte. Als Prinzeß Carola erwachsen war, erhielt sie eine Bayerin als Kammerfrau, unter der als Stubenmädchen die Bäckerstochter von Morawetz Marie stand. Die Jungfer hieß Felise. An der Spitze der Herrschaftsverwaltung befanden sich ein Rentmeister und ein Oberförster. Allmonatlich stellte sich ein alter Inspektor der benachbarten Herrschaft Tischnowitz ein, um die Kontrolle auszuüben.

Das Leben der Prinzessinnen in Morawetz verlief still und einfach. Trotz des ruhigen Landaufenthaltes kam aber nie ein Augenblick, wo das Gefühl der Eintönigkeit und Langweile oder der Mangel an größerer Gesellschaft sich fühlbar gemacht hätten. Festlich begangen wurden die Geburts und Namenstage der Prinzessinnen, Mutter und Tochter. Es waren Volksfeste, bei denen musiziert, getanzt, gegessen, getrunken, illuminiert wurde. Nicht minder glänzend wurde die Ankunft der Großherzogin Stephanie gefeiert, wenn letztere zu Besuch kam. Das Interesse für Land und Leute war bei Prinzessin Carola sehr lebhaft, besonders unterhielt sie sich gern mit den Kindern der verschiedenen Bediensteten des nahegelegenen Meierhofes. Oft sah man sie eines derselben herumtragen, mit ihnen spielen, sie beschenken, oder es kroch eines oder das andere ihr nach ins Schloß. Viele Züge, deren Andenken sich in Morawetz erhalten hat, sprechen dafür, daß die Prinzessin eine große Kinderfreundin war. Zwei unter vielen mögen hier ihren Platz finden.

Ein kleines Mädchen aus benachbartem Dorfe trippelt in die Schule. Es friert gewaltig, und das Kind, nur mit fadenscheinigem Röckchen bekleidet, in zerrissenen Schuhen, ohne Strümpfe, zittert vor Kälte. „Gelobt sei Jesus Christ", grüßt es freundlich, und die Prinzessin, voll Mitleid das blau angelaufene Gesichtchen betrachtend, nimmt schnell entschlossen ihren Shawl von den Schultern und wickelt das verdutzt dreinschauende Kind hinein. — Ein Blondkopf bummelt langsam des Weges daher, einen Krug in der Hand. Die Mutter schickte ihn nach Milch, die er auch glücklich nach Hause schleppt. Da fährt ihm ein kläffender Hund in den Weg, der Krug entfällt ihm, und ein weißes Meer ergießt rings seine Fluten. Die Prinzeß hat den Vorgang vom Fenster des Schlosses aus beobachtet; im Nu ist sie unten; nachdem sie aus der Küche einen Krug geholt, läuft sie damit zum weinenden Jungen, führt ihn in den Stall und läßt ihm Milch verabfolgen. — Arme Mädchen ließ die Prinzessin in ihre Zimmer rufen, nahm ihnen Maß zu Kleidern und nähte teils selbst, teils ließ sie nähen. Ihren Schützlingen bereitete sie alljährlich eine Christbescherung mit brennendem Tannenbaum.

Die größte Freude der Prinzessin war, die Jugend

von Morawetz an besonderen Festtagen eigenhändig zu bewirten
und zu beschenken. Es gefiel ihr, in einer kleinen, an ihre
Wohnung [sich anschließenden Küche Armen und Kranken selbst
die Mahlzeiten zu bereiten, und sie brachte dieselben auch bei
schlechtem Wetter und auf größere Entfernungen persönlich in
die dürftigsten Hütten. Prinzessin Carola war durchaus nicht
verweichlicht. Wind und Wetter, Kälte und Schnee, Regen und
Sonnenhitze hinderten sie nicht an ihren Ausgängen; an eigene
Bequemlichkeit und Rücksicht auf ihre Person dachte sie nie. Sie
besaß schon jung die Gabe, mit Kranken umzugehen, für die
sie immer Trost und Rat fand.

Am Freitag jeder Woche versammelten sich die Armen im
Schloßhofe bei der sogenannten Schneckenstiege, wo die Prinzessin erschien, Gaben austeilte und Bitten entgegennahm. Sie
kam als dreizehnjähriges Mädchen nach Morawetz, war heiter
und lebensfroh, lachte sehr gern, selbst bei geringfügigen Anlässen,
zeigte eine außerordentliche Herzensgüte und Freigebigkeit, faßte
mit seltenem Ernst, der ihr Alter überstieg, die Not der Armen
auf und war jederzeit bereit, den Bedürftigen beizustehen. Ihre
täglichen Spaziergänge gaben ihr Gelegenheit, mit dem Volke zu
verkehren, Einblick in dessen Verhältnisse zu gewinnen und dem
Elend zu steuern.

Prinzessin Carola hatte rasch Böhmisch gelernt und ver
ständigte sich leicht und gern mit den Leuten. Sie gab oft den
Fürsprecher und Dolmetsch bei Prinzessin Waja ab. Die Prinzessin hatte die böhmische Sprache so gut erlernt, daß sie sich
derselben später im Briefwechsel mit ihrer Freundin Sophie
Vittinghoff bediente. Von der Dienerschaft war sie angebetet,

und bei allen ungeschickten und unglücklichen Vorkommnissen konnte jeder auf Entschuldigung und Verteidigung bei ihr rechnen. Alle Tiere liebte die Prinzessin; an den rundlichen Formen und an dem zahmen Wesen ihrer Ponys war die gütige Hand der Herrin zu erkennen. Für Musik hatte die Prinzessin weder Talent noch Vorliebe, desto mehr für Zeichnen und Malen, was sie gern und eifrig betrieb. Sie las gern und war jedem dankbar, der seine Gedanken in einem Buche niedergelegt hatte. Die Prinzessin hatte ein feines Gefühl für alles, was anderen Freude machte. Großes Zartgefühl ließ sie nie für andere Peinliches berühren; geschah dies in ihrer Gegenwart oder fielen Äußerungen, die ihr selbst unangenehm waren, so zeigte sie sich vielleicht nicht ganz schlagfertig mit Worten, aber in ihrem Wesen, in ihrem Schweigen wußte sie ihrer abfälligen Meinung deutlich Ausdruck zu geben.

Die Jahre bis zum Herbst 1849 brachte Prinzessin Carola mit ihrer Mutter in Morawetz zu. Der Aufenthalt wurde nur unterbrochen von kurzen Badereisen, deren Prinzessin Wasa für ihre angegriffene Gesundheit bedurfte, von Besuchen bei Prinz Wasa in Hacking und durch längere Aufenthalte bei der Großherzogin Stephanie von Baden in Mannheim und Baden-Baden.

In diesen Jahren war es, daß bei dem Aufblühen der Prinzessin die Ähnlichkeit mit ihrer Großmutter, der Königin Friederike von Schweden, deren lebensgroßes Brustbild über ihrem Bett hing, immer mehr hervortrat, obwohl die Prinzessin, besonders in den Bewegungen, auch viel von ihrer schönen Mutter hatte.

Es wurde gute Nachbarschaft mit Tischnowitz und mit der Familie der Grafen Mittrowski, die in Rozinka, Pernstein, Sokolniz angeseßen war, gehalten. Im Sommer wurden Landpartien gemacht, im Freien Mahlzeiten bereitet und auch im Hause Kochversuche unternommen. Es wurde gebraten und geschmort, und meinte Prinzeßin Waja dabei scherzend, es sei der Moment, wo ihre Mutterliebe zu scheitern beginne, wenn sie von den Erzeugnißen dieser Kochkunst kosten solle. Herrlich waren die Ausflüge nach dem alten Schloße Pernstein, das an Bauart, Schönheit und Eigentümlichkeit seinesgleichen sucht. Wenn ein alter Graf Mittrowski, der vom Schlage gerührt war, angefahren kam und unter dem Thorwege von Morawetz hielt, kamen die Prinzeßinnen herab, um ihn zu begrüßen, weil er die Treppe nicht hinaufsteigen konnte; sie besuchten ihn mitunter oder besprachen Zusammenkünfte im Walde, alles, um den alten Herrn zu erfreuen. Auch als in späteren Jahren Prinzeßin Carola, von Sachsen aus, Morawetz aufsuchte, kam sie meist auf einige Stunden nach Rozinka und Sokolnitz.

An den Herbst- und Winterabenden gab es in Morawetz und Tischnowitz bei der Jugend Gesellschaftsspiele, und es tauchte auch einmal der große Gedanke auf, Theater zu spielen. Da aber weder Prinzeßin Waja noch Freiherr von Bittinghoff-Schell dem Plane geneigt waren, mußte ein günstiger Augenblick benutzt werden, die Erlaubnis zu erbitten. Prinzeßin Waja war eine leidenschaftliche und geschickte Schachspielerin, Freiherr von Bittinghoff Schell ihr gewiegter Gegner. Ein bedrohliches „Schach" dem König und der Königin!" wurde benutzt, Prinzeßin Carola und die jungen Damen machten neben der Schachpartie der Prinzeßin Waja einen Fußfall, die widerstrebend und halbzerstreut durch die Gefahr der Majestäten auf dem Schachbrett ihre Einwilligung

gab. Die Wahl des Stückes fiel auf „La curieuse" von Madame
de Genlis. Die Rollenverteilung, sowie die Auswahl der Kostüme
nahmen bald aller Thätigkeit in Anspruch. Herren durften sich
natürlich nicht beteiligen, und die Damen mußten sich auf der
Bühne damit begnügen, zu erzählen, was jene gethan oder gesagt
hatten. Der Gartensalon diente als Theater. Der Oberförster
veranstaltete das nötige Donnerwetter mit Papiertrommel und
Kolophonium. Prinzessin Carola sah allerliebst aus, wie eine
Meißnerporzellanfigur im Chokoladenrenkostüm. Die Oberſthof=
meisterin der Prinzessin Waja, Gräfin Otting, eine gute, alte,
aber oft zerstreute Dame, soufflierte. Sie versäumte, der Prinzeß
einzuhelfen, so daß diese ängstlich von der Bühne in die Coulisse
rief: „Ach, liebe Gräfin, nur ein Wort!" Die Aufführung verlief
ganz zur Zufriedenheit des kleinen Publikums.

Während in diesen Jahren das sittigende, den Zerstreuungen
lärmender Umgebungen fernliegende Landleben in Mähren seinen
ganzen Zauber, seine volle Macht auf das Herz der heranwachsenden
Jungfrau ausübte, trat die Prinzessin während der Aufenthalte
bei ihrer Großmutter in Baden in den Kreis ihrer Standesge=
nossen, in das Treiben der großen Welt.

Die verwitwete Großherzogin Stephanie von Baden war eine
hervorragende, noch immer schöne Frau. Sie war die Tochter
des Grafen Claude de Beauharnais, Sohn des Schwagers der
Kaiserin Josephine und einer Gräfin Lezai Marnésia, und war
am 28. August 1789 geboren. Witwer geworden, hatte Graf
Beauharnais seine Tochter einer älteren, gottesfürchtigen Tante
in Montauban anvertraut, wo sie in völliger Zurückgezogenheit
lebte und von vertriebenen Klosterfrauen erzogen wurde. Sie

2*

erinnerte sich später, daß diese armen Frauen eines Tages von
Jakobinern gezwungen wurden, um den Freiheitsbaum zu tanzen.
Ihr Onkel Lezai Marnésia führte sie der Kaiserin Josephine
zu. Diese war ihr sehr wohlwollend gesinnt und ließ ihre Erziehung in der bekannten Anstalt der Madame Campan in St.
Germain vollenden. Die Erzieherin schilderte den Charakter des
jungen Mädchens: „Es ist eine merkwürdige Mischung von Eigenschaften in ihr, Eigenliebe, Ehrgeiz, Trägheit, Liebenswürdigkeit,
Geistesschärfe, Leichtlebigkeit, Stolz und Frömmigkeit: vielerlei
Eigenschaften, welche die verschiedenste Einwirkung auf das Glück
oder Unglück ihres Lebens haben werden, je nachdem sie geordnet oder ungeordnet sind." Ihr Äußeres war anmutig; sie
war gut gewachsen, hatte ausdrucksvolle Züge, einen blendenden
Teint, lebhafte blaue Augen, schönes blondes Haar und eine sehr
wohlklingende Stimme. Hierzu kamen vornehme Manieren,
natürlicher Witz, Heiterkeit und Lebhaftigkeit. Kaiser Napoleon
war ihr besonders zugethan. Obgleich ihr Vater noch lebte,
adoptierte er sie, sie erhielt den Titel „Kaiserliche Hoheit" und
den Vortritt vor den Schwestern des Kaisers. Auf der Höhe
seiner Macht, 1806, verfügte Napoleon: „Da es Unser Wille
ist, daß die Prinzessin Stéphanie Napoléon, Unsere Tochter, alle
ihrem Range gebührenden Vorteile genieße, wird sie bei allen
Cercles, Festen und Tafeln ihren Platz an Unserer Seite und,
wenn Wir abwesend sind, zur Rechten Ihrer Majestät der Kaiserin
haben." In der Kapelle des Tuilerienpalastes wurde am 8. April
1806 abends 8 Uhr die Hochzeit der Prinzessin Stephanie mit
dem Kurprinzen Carl Ludwig Friedrich von Baden mit großem
Glanze gefeiert. Die Prinzessin wurde 1811 Großherzogin und

war seit 1818 verwitwet. Sie erwarb sich die Liebe und Ver
ehrung von Land und Volk in hohem Grade. Ihre Söhne
starben. Von ihren Töchtern heiratete 1830 Prinzeß Louise
ihren Vetter, den Prinzen Gustav von Wasa, 1834 Prinzessin
Josephine den Erbprinzen Carl Anton von Hohenzollern Sig
maringen und 1843 Prinzessin Marie den späteren Herzog von
Hamilton, William Douglas.

Großherzogin Stephanie residierte zu Mannheim in dem
umfangreichen Schlosse, wo sich auch für Tochter und Enkelin
bei deren andauernden Aufenthalten mehr als genug Raum fand.
Bei dem innigen Zusammenleben der hohen Frauen übte die
fromme, hochsinnige, geistreiche und zartfühlende Großherzogin
einen bedeutenden Einfluß auf Prinzessin Carola aus. An Adel
der Bildung und gesellschaftlicher Liebenswürdigkeit konnte diese
kein besseres Vorbild haben. Die hervorragendsten Lehrer, darunter
der bekannte Historiker Schlosser, erteilten an Prinzessin Carola
Unterricht. Sie verkehrte auch in der Mannheimer Gesellschaft und
befreundete sich mit zwei Komtessen Buol Schauenstein, deren
Mutter, geborene Prinzessin Isenburg Birstein, eine Freundin der
Prinzessin Wasa war, ferner mit den Freiinnen von Gemmingen
und einer Gräfin Oberndorff.

Im schönen Badener Lande traf Prinzessin Carola mit ihren
Verwandten aus den Häusern Baden und Hohenzollern Sig
maringen viel zusammen. Sie schloß sich eng an die wenige
Jahre ältere, mit Verstand und Herzensbildung begabte Prin=
zessin Amalie von Sachsen Weimar, Tochter des Herzogs Bern=
hard, spätere Prinzessin Heinrich der Niederlande, an und unter=
hielt mit ihr einen regelmäßigen Briefwechsel. Die eigentliche

Herzensfreundin der Prinzessin wurde aber ihre Cousine Stephanie von Hohenzollern, die spätere Königin von Portugal. Mit Liebreiz des Äußeren verband sie tiefe Religiosität, Reinheit des Herzens und Freundlichkeit des Umganges. Es lag eine anmutige Harmonie in ihrem ganzen Wesen, sie hatte einen vortrefflichen und liebenswürdigen Charakter. Die beiden Freundinnen teilten sich mit, was das Menschenherz in der Jugend bewegt, und waren durch gleiche Ansichten und Gesinnungen eng miteinander verbunden.

Wenn auch Prinzessin Carola den Winter von 1848 zu 1849 und den darauffolgenden Sommer ungestört in Morawetz zubrachte, drangen doch die Nachrichten der Aufstände dieser Jahre bis zu ihr und beschäftigten ihren Geist. Viele patriotische Gaben gingen an die Verwundeten in Ungarn, und die Hände rührten sich fleißig bei der Strickarbeit an Strümpfen und Handschuhen für die Soldaten. Um den Unruhen in Baden auszuweichen, hatte sich Großherzogin Stephanie nach Mainz begeben. Prinzessin Carola begrüßte freudig die Niederwerfung der Empörungen und war glücklich über die Einnahme von Malghera, die dem italienischen Kriege ein Ende machte. Der alte Fürst Karl von Hohenzollern, der Schwiegervater der Fürstin Josephine, war zwei Tage in Morawetz zu Besuch.

Wanderjahre.

Das sich verschlimmernde Leiden der Prinzessin Waja machte während des Herbstes und Winters den Aufenthalt in südlicheren Breiten notwendig. Es sollte vom Oktober 1849 an ein längerer Aufenthalt in Meran genommen werden. Vor der

Abreise machte Prinzessin Carola ihre Abschiedsbesuche bei den
Armen. Waren die Bewohner in ihrem Häuschen nicht an
wesend, half sich die Prinzessin, um ihnen doch etwas schenken
zu können, dadurch, daß sie durch die viereckigen Öffnungen unten
an den Thüren, welche den Katzen als Ein und Ausgänge
dienten, Schuhe und Kleidungsstücke hindurchsteckte.

Die lange Reise von Mähren nach Tirol war damals noch
recht beschwerlich, aber sie bot viel des landschaftlich Herrlichen.
Prinzessin Carola konnte sich nichts Schöneres und doch dabei
Wilderes denken als den Kuntersweg zwischen Klausen und Bozen,
wo auf der einen Seite der Eisak fließt, auf der anderen hohe
Felsenwände emporstreben. Sie glaubte in ein Paradies zu
kommen, als sich plötzlich wie in einem Feenbilde der reizende
Bozener Boden öffnete: er ist zwar auch von hohen Bergen um
geben, diese sind aber weit hinauf mit Wein und Obstgärten
bedeckt und mit einer Menge Villen besät. Von den verschiedenen
Gegenden, durch welche die Prinzessin auf der Reise gekommen
war, fand sie diese am allerschönsten, schöner als die Gegend
zwischen Linz und Lambach, da dort den Bergen der zarte
violette Hauch der italienischen Gebirge fehlt. Das eigentliche
Tirol bewunderte die Prinzessin nicht in gleichem Maße. Auf
dem Wege von Salzburg nach Reichenhall war sie zwei Stunden
lang bergauf und bergab auf einer engen Straße gefahren, die
so von Bergen umringt war, daß sie geglaubt hatte, ersticken
zu müssen; dabei bestanden die Berge aus kahlen Granitmassen,
und der Nebel war zeitweise so dicht, daß kaum zwei Schritte
weit zu sehen war. In der Nähe von Innsbruck begegneten
die Prinzessinnen großen Trupps mit Glocken und farbigen

Bändern geschmückter Kühe. Es waren die Herden, die von
den Sennhütten für den Winter herab ins Thal kamen. Bei
St. Johann sah die Prinzessin die ersten Kriegsspuren. Ein
Wagenzug führte Verwundete und Rekonvalescenten aus dem
italienischen Kriege an ihr vorüber, und sorgte sie für deren
Erfrischung.

Meran selbst erschien der Prinzessin nicht sehr hübsch, doch
fand sie die Gegend herrlich. Der Ausflug nach einer der Meran
umgebenden alten Burgen, die auf steilen Felsen, hoch über der
Etsch liegt, ganz mit Epheu bedeckt und von Kastanien und
Feigenbäumen umgeben ist, entzückte sie. Die Prinzessin nahm
Zeichenstunden, hoffte sehr, Fortschritte zu machen, und skizzierte
zum ersten Male eine kleine Bäuerin nach der Natur.

Der Winter 1849 50 wurde in Venedig zugebracht. Der
erste Eindruck, den die Königin der Adria auf die Prinzessin
machte, war ein trauriger, auch waren die ersten Erlebnisse in
der Lagunenstadt unerfreuliche. Prinzessin Wasa erkrankte an
einer Luftröhrenentzündung, welche sie neun Wochen ans Zimmer
fesselte, Fräulein von Sternberg bekam den Typhus. Nachdem
die Krankheiten aber glücklich überstanden waren und das herrliche
Frühjahr sich näherte, begann Venedig seine unwiderstehlichen
Reize zu entfalten. Es übte eine große Anziehungskraft auf die
Prinzessin aus; das eigentümliche Leben, die großartigen histo
rischen Erinnerungen, der poetische Duft über allem, der Anblick
herrlicher Kunstschätze bewegten ihr Gemüt. Das Leben wurde
geselliger; die Prinzessinnen verkehrten mit der ehrwürdigen
Herzogin von Angoulême, auch mit Graf und Gräfin Chambord.
Das milde Klima erlaubte, viel im Freien zu sein. Der Markus

platz war immer belebt, besonders an den Tagen, wo die Musik
spielte. Von dem Lido aus erschloß sich ein herrlicher Blick
auf das Meer, das die Farbe eines Türkises hatte und von den
weißen Segeln der Schiffe belebt war. Die Prinzessin unterhielt es, eine Anzahl Muscheln am Strande aufzuheben. Sie
kannte nichts Angenehmeres als, von Bewegung und Hitze erschöpft, sich bei erfrischendem Luftzuge in einer Gondel schaukeln
zu lassen. Herzlich lachte die Prinzessin über den Irrtum eines
alten italienischen Herrn, der, ein großer Kunstkenner, die Prinzessin überall herumführte, aber nur unvollkommen französisch
sprach und bei einem Gespräche über den Kaiser von Österreich
sagte: „Il est surtout ravissant, lorsque une petite souris
(un petit sourire) lui passe sur la figure." Der Aufenthalt
in Venedig dauerte bis in den Mai, dann wurde wieder nach
Meran übergesiedelt.

Meran war im Sommer und Herbst 1850 sehr besucht.
Erzherzog Rainer, Vicekönig des lombardisch venetianischen König-
reichs, hatte mit seiner Familie dort Aufenthalt genommen. Die
Vicekönigin, Erzherzogin Elisabeth, war sehr liebenswürdig und
voll Verstand. Sie empfing selten Besuch, doch Prinzessin Carola
war öfter bei ihr, meistens drei Stunden, und die Vicekönigin
wußte während dieser langen Zeit die Unterhaltung stets angenehm und interessant zu gestalten. Die Prinzessin nahm Unterricht im Ölmalen, was sie sehr gut unterhielt; es beschäftigte
sie täglich 4 bis 5 Stunden, und obgleich sie hier erst anfing
und, wie sie sagte, noch sehr schlecht schmierte, trennte sie sich
nur schwer von ihrer Staffelei. Sie malte viel im Freien. Der
unterrichtende Künstler, Herr Reelmayer, las ihr und Fräulein

von Sternberg dabei manches Interessante vor, auch Immer-
manns „Trauerspiel in Tirol".

In der Frühe, oft schon um 6 Uhr, machte die Prinzessin
mit Fräulein von Sternberg weite Spaziergänge und nachmittags
kürzere mit ihrer geliebten Mutter, die sich, da sie das Gehen zu
sehr ermüdete, austragen ließ. Abends vereinigten sich mehrere
Gäste bei Prinzessin Wasa, darunter die Gräfin Viczay, welche
Prinzessin Carola in Venedig kennen gelernt und liebgewonnen
hatte. Sie sah die Gräfin jeden Tag, da diese ganz in der
Nähe wohnte. Der 17. Geburtstag der Prinzessin wurde durch
ein Fest im Freien bei herrlichem Wetter gefeiert. Ein kleines
Abenteuer verursachte dabei eine kurze Unterbrechung. Zwei
Ochsen, die vorbeigeführt wurden, scheuten und wären beinahe
unter die Gesellschaft gestürmt, wenn es ihrem Führer nicht
zuletzt noch gelungen wäre, sie zu bändigen. Vor Schreck wäre
fast der Tisch umgeworfen worden. Es wurde viel darüber
gelacht, die Sache hätte aber immerhin gefährlich werden können.

Der Januar 1851 fand die Prinzessinnen in Bozen, eigentlich in Gries, gleich jenseits der Talfer Brücke. Prinzessin
Carola malte von 9 bis 12 Uhr, dann war gemeinschaftliches
Frühstück, um 1 Uhr ging sie spazieren und besuchte täglich
ihre Freundin, die Gräfin Viczay, die den Winter in Bozen zubrachte, aber sehr leidend war und nicht ausgehen durfte. Dann
blieb die Prinzessin bei ihrer Mutter bis zum Essen um 5 Uhr.
Sie spielte nach dem Diner Klavier, las abends vor und schrieb
ihre Briefe, sowie die ihrer Mutter. Das Klima war herrlich.
Die Frühjahrsluft strömte zu den geöffneten Fenstern herein;
der Himmel war ganz italienisch, von einem durchsichtigen Blau.

völlig wolkenlos. Die Prinzessin konnte ihrer Vorliebe für Blumen nachgehen; sie fand kleine wilde Kaktus auf den Bergen. Oft bewunderte sie den gewaltigen, mit Schnee bedeckten Dolomitstock des Schlern, wenn ihn die Abendsonne purpurrot färbte. Prinzessin Wasa wollte eine Soirée dansante geben, bekam aber die Grippe. Als Entschädigung war die Erzherzogin Elisabeth so freundlich, Prinzessin Carola auf einen Kasinoball mitzunehmen. Sie unterhielt sich vortrefflich und tanzte von ¹⁄₂9 Uhr abends bis ¹⁄₂5 Uhr früh. Auf dem Balle gab es auch vier kostümierte Quadrillen. Die Perücken der Rokokodamen waren nicht genug gepudert. Die Byzantiner Damen hatten weiße Atlasröcke und rosa oder blaue Tunikas von Tarlatan darüber, in den Haaren einen silbernen Reif, ein Diadem darstellend. Unter den Tänzern der venetianischen Quadrille befand sich Erzherzog Heinrich, der jüngste Sohn der Vicekönigin, eine wahre Hünengestalt, dessen Kostüm sehr schön war; er glich ganz den alten Porträts der habsburgischen Familie in spanischer Tracht.

Die Prinzessinnen waren den Winter 1851 52 in Baden Baden. Dort war auch die Prinzessin von Preußen, und brachte Prinzessin Carola öfter die Abende bei ihr zu. Bis zu den ersten Januartagen war Großherzogin Stephanie in Baden; es wurde bei ihr öfter „Frage und Antwort" gespielt. Manche geistige Anregung erhielt Prinzessin Carola durch einen liebenswürdigen und geistreichen Franzosen, Herrn von Bacourt. Er lieh der Prinzessin Bücher. Sie las „L'Allemagne" par Madame de Staël und La Bruyère's „Caractères." Beide Werke interessierten sie, besonders das Urteil der Madame de Staël über deutsche Litteratur und Philosophie. Auf die Freuden des

Karnevals mußte die Prinzessin verzichten, da ihre Mutter immer leidend war, sie liebte deshalb Bücher, welche ihr Stoff zum Nachdenken gaben und sie dadurch in der Einsamkeit beschäftigten.

Anfang Februar 1852 gingen die Prinzessinnen zur Großherzogin Stephanie nach Mannheim. Prinzessin Carola war glücklich, ihre geliebte Großmutter wiederzusehen. Der Abschied von Baden kostete ihr keine Thräne; es war dies eine Seltenheit, denn nach ihrer eigenen Aussage attachierte sie sich wie eine Katze an ein Haus und an einen Ort. Sie bezog wieder ihre früheren Zimmer im Schlosse und fand, daß nichts mehr zum Nachdenken stimme, manchmal zu traurigen Gedanken, als einen Raum nach Jahren wiederzusehen, den man früher bewohnte. Manches hat sich da geändert, manches ist geschehen, auch nicht geschehen. Von Herren der Gesellschaft, welche die Prinzessin kannte, waren es drei, die durch ihre geistigen Eigenschaften hervortraten: Baron Schreckenstein, ein gescheiter, witziger Mann, welcher aber Launen unterworfen war, zuweilen tagelang kein Wort sprach und aussah, als hielte er es unter seiner Würde, andere Sterbliche anzureden; Herr von Savigny, etwas pedantisch, aber mit sehr angenehmer Unterhaltungsgabe; Herr von Bacourt, gescheit, liebenswürdig und wohlwollend, hatte das Talent, einen Salon zu beleben und einen anregenden Einfluß auf seine Nachbarn auszuüben. Herr von Bacourt versetzte die Prinzessin immer in gute Laune, und nach einem Gespräch mit ihm fühlte sie sich zufrieden mit sich selbst. Für die leicht verlegene Prinzessin war eine natürliche und leichte Unterhaltung ein großes Vergnügen. Prinzessin Carola las die Meisterwerke der deutschen Dichter, Macaulays „History of England,“ die witzig geschriebenen Briefe Jacquemonts aus Indien und ein ernstes, philosophisches französisches Werk über das Christentum von Nicolas. Sie liebte Bücher, in denen tiefere Gedanken zu finden, solche, die Stoff zum Nachdenken geben, die vielseitig sind, geschichtliche Darstellungen, in denen sich an die Thatsachen Betrachtungen anschließen.

Die Prinzessin war in ihrer geistigen Regsamkeit immer sehr leicht zu unterhalten. Sie fand, daß sie von Großmutter und Mutter verwöhnt werde, namentlich durch große Liebe und Zuneigung. Es geschah alles, um der Prinzessin Freude zu machen. Da es ihr noch nicht erlaubt war, in das Theater zu gehen, ließ die Großherzogin ein Lustspiel: „Es ist noch Zeit" von einigen Schauspielern und Schauspielerinnen des Mannheimer Theaters in ihrem Salon vorlesen. Das aus dem Leben gegriffene Stück ist von der Prinzessin Amalie von Sachsen verfaßt; es handelt sich darin um eine junge Frau, die in Gefahr ist, sich von den Freuden der Welt verführen zu lassen; sie wird davon durch die Freundschaft einer Verwandten, welche früher ihren Mann geliebt hat, abgehalten und versöhnt sich mit letzterem. Ein Kinderballett der Madame Weiß trat in Mannheim auf. Die Großherzogin gab den 48 Kindern ein kleines Fest. Sie sahen glückselig aus und verzehrten alle ihnen angebotenen Nahrungs= mittel. Eine Kleine von 8 Jahren wurde gefragt, ob sie aus Deutschland sei, worauf sie antwortete: „Nein, aus Detmold". Die Kinder machten der Prinzessin eigentlich einen traurigen Eindruck.

Es war Prinzeß Carola unangenehm, in den Zeitungen vor dem Publikum zu erscheinen, was in dieser Zeit geschah. Sie wußte nichts von einer Heirat und war der Ansicht, daß die

Zeiten vorbei wären, wo über junge Mädchen frei verfügt wurde, um sie zu verheiraten oder in das Kloster zu schicken. Der Sommer 1852 wurde von den Prinzessinnen in Baden verbracht. Dort waren auch bis zum August Großherzogin Stephanie und ihre Töchter Josephine und Marie anwesend. Eine ernste Zeit kam für die Prinzessin, als sie nicht leichten Herzens oder weltlichen Vorteils wegen, sondern in der festen Überzeugung, das katholische Bekenntnis des christlichen Glaubens sei das rechte und wahre, beschloß, zur römisch-katholischen Kirche überzutreten. Die Erziehung der jungen Prinzessin war beendet. Als sie durch die Konfirmation zum Abschluß gebracht werden sollte, erklärte die Prinzessin, daß sie sich nicht konfirmieren lassen, sondern katholisch werden wolle. Dies schrieb die Prinzessin ihrem Vater, dem Prinzen Wasa, und bat um seine Einwilligung, welche dieser auf das bestimmteste verweigerte. Als jetzt Prinzessin Carola infolge der großen Aufregungen nervös erkrankte, befürchtete Prinz Wasa, sein unbedingter Widerstand könne die Gesundheit seiner Tochter gefährden. Er nahm sein strenges Gebot zurück und stellte nur die Forderung, daß seine Tochter sich längere Zeit von ihrer Mutter und Großmutter trenne, diese Zeit bei seiner Schwester, der Großherzogin Sophie von Baden, zubringe und dort ganz regelmäßigen Konfirmationsunterricht bei einem protestantischen Geistlichen erhalte. Sollte die Prinzessin nach der Probezeit und der gründlichen Unterweisung doch auf ihrem Vorsatze beharren, so würde er seine Einwilligung zu ihrem Übertritte nicht versagen. Nun folgte eine schwere Prüfungszeit für die junge Prinzessin. Vor allem die Trennung von ihrer Mutter, die erste in ihrem Leben, war ihr fast unerträglich,

dann die neuen Verhältnisse und Umgebungen, denn nur die
Oberſthofmeiſterin der Großherzogin Stephanie, Frau von Sturm
feder, hatte ſie nach Karlsruhe begleitet, und endlich der ihr zur
Pflicht gemachte Verkehr mit dem proteſtantiſchen Paſtor. Alle
dieſe Verhältniſſe machten ihr das Leben ſchwer und ließen keine
Beſſerung in ihrem ſeeliſchen und körperlichen Befinden zu. Prinz
Waſa war ebenfalls in Karlsruhe, und die Prinzeſſin war glück=
lich, ihren Vater, mit dem ſie zuletzt von Bozen aus in Brixen
eine Zuſammenkunft gehabt hatte, zu ſehen und zu ſprechen.
Großherzogin Sophie war ſehr gütig gegen ſie, ihre Couſinen
Marie und Cäcilie von Baden ſah ſie wenig, da dieſe noch viel
Unterricht hatten; Prinz Fritz kam täglich zu Tiſch und zum
Thee, bis er nach Berlin reiſte. Prinzeſſin Carola änderte ihren
einmal gefaßten feſten Entſchluß nicht. Es wurde unter Berück-
ſichtigung aller Umſtände der Verſuch, ſie umzuſtimmen, aufgegeben, und Prinz Waſa geſtattete ihr, zur katholiſchen Kirche
überzutreten. Für dieſes große Opfer war ſie ihrem Vater zeit-
lebens dankbar. Die Prinzeſſin kehrte zu ihrer Mutter nach Baden=
Baden zurück und legte ſpäter in der Pfarrkirche zu Morawetz am
4. November 1852 das katholiſche Glaubensbekenntnis in die
Hände des Brünner Biſchofs Graf Schaffgotſch ab, empfing die
erſte heilige Kommunion und zugleich die Firmung.

Die Prinzeſſin ſah in Baden bei der Großherzogin Stephanie
den Präſidenten Louis Napoleon. Sein ruhiges und ernſtes
Weſen gefiel ihr. Die Zeitungen knüpften an den Beſuch des
Präſidenten Mutmaßungen über eine bevorſtehende Werbung
desſelben. Dieſe Vermutungen waren unzutreffend.

Nach einem kurzen Aufenthalte in Mannheim wurde von

den Prinzessinnen Mitte August 1852 die Rückreise nach Mora
wetz angetreten. Sie führte mit der Eisenbahn über Stuttgart
nach Süßen und zu Wagen weiter nach Donauwörth. Von hier
bis Regensburg wurde das Dampfschiff benützt. Hoch ragten
die Gerüste der im Bau begriffenen Ruhmeshalle empor. Diese
Donaufahrt war zwar viel kürzer als der Landweg, denn man
braucht nur 7 Stunden und zu Wagen 15, allein das Schiff
war äußerst klein, schmutzig und hatte nur eine Kajüte; dabei
blieb es zuweilen auf dem Sande sitzen. Die Prinzessinnen verließen Regensburg zeitig am Morgen mit dem Dampfschiff und
kamen abends in Linz an; von hier dampften sie auf dem neuen
Schiffe „Radetzky" nach Wien. Leider regnete es auf dieser
Strecke, und kamen die schönen Ufer nicht ganz zur Geltung.
Kloster Mölk, Dürrenstein, wo Richard Löwenherz gefangen war,
Klosterneuburg zogen vorüber. Im Donaustrudel hätte man bei
windigem Wetter beinahe die Seekrankheit bekommen können. Die
Ankunft in Nußdorf erfolgte nachmittags. Die Prinzessinnen
fuhren gleich an den Bahnhof, wo sie bis 7 Uhr abends warten
mußten, und dann mit dem letzten Zuge nach Brünn. Dort
langten sie halbtot vor Müdigkeit um 1 Uhr nachts an, um
sich zwei Tage bei der guten Baronin Galen auszuruhen. Prinzessin Carola benützte einen Ruhetag, um ihr geliebtes Eichhorn
zu besuchen, und freute sich sehr, als sie ein alter Bauer dort
erkannte.

Die Prinzessinnen fuhren am Namenstage der Prinzessin
Waja, am 25. August, nach Morawetz und wurden auf das
freudigste empfangen. Ehrenpforten und Blumen grüßten überall.

Verlobung.

Die Kinder-, Lehr- und Wanderjahre der Prinzessin Carola waren zu Ende. Sie konnte mit Befriedigung darauf zurück blicken. Das schönste Verhältnis herrschte zwischen Mutter und Tochter, liebevolle, beinahe ängstliche Sorge seitens der Mutter, zarteste Rücksicht und dankbarste Hingebung von seiten der Tochter. Prinzessin Carola war eine liebliche, vornehme Erscheinung, Güte und Heiterkeit sprachen aus ihren Zügen, Rücksichtnahme für jedermann, das größte Zartgefühl im Umgange mit anderen waren immer Hauptkennzeichen ihres edlen, reinen Wesens, sowie Wahrheit, Wahrheit bis ins Geringste. Ihr war das Glück und der große Vorteil beschieden gewesen, nicht eine einseitige Erziehung genossen zu haben. Sie hatte das Leben an Höfen wohl kennen gelernt, der Aufenthalt in ländlicher Stille hatte aber in ihr das Echte und Einfache bewahrt. Sie besaß tiefes Gefühl für das Große und Edle, ihr Geist war aufgethan für die Schönheiten der Natur und Kunst, sie war unzugänglich für Glanz, Schein, Vorurteil und Schmeichelei.

Der Prinzessin war Morawetz so lieb wie früher. Der Garten hatte sich verschönert, die Zimmer waren so heimlich, sie war stolz auf das ihrige, was sie sich selbst sehr hübsch eingerichtet hatte. Der Aufenthalt war ziemlich einsam, es waren nur Mutter und Tochter, Fräulein von Sternberg und Baron Galen anwesend. Allein die Zeit verging der Prinzessin auch jetzt wie immer nur zu rasch. Wie sie sagte, habe sie nie lange Weile, aber zuweilen traurige; nun, die habe man überall, die komme von inneren oder äußeren Ursachen, vom Schicksal, dem man nirgends entgehen könne.

Ein klein wenig Schwermut lag über der Prinzessin. Sie äußerte: „Leider ist alles Schöne in diesem Leben nur Phantasie, entweder ein unerreichbares Ziel, oder es verschwinden die schönen Farben, wenn man es näher betrachtet; übrigens kann es auch das Gegenteil sein, wir können alles mit den Augen der Einbildungskraft betrachten und uns so einen Himmel auf Erden träumen." Prinzessin Carola las „I promessi sposi" von Manzoni.

Die Prinzessinnen waren im September einige Tage in Brünn und kamen dort gerade an, um einen großen Brand ganz in der Nähe zu sehen. Eine Kirche und drei Häuser wurden zerstört. Es war ein schauerlich schöner Anblick. Den Fenstern des Absteigequartiers gegenüber wurde vom Rathausturme, einem alten Gebäude im Stile des Mittelalters, herunter aller paar Minuten das schauderhafte Wort „Feuer" mit dem Sprachrohr verkündet. Das Herausstecken der roten Fahne erinnerte die Prinzessin an die in früheren Zeiten gebräuchliche schwarze Pestfahne. Die Nacht war wunderschön, der Himmel ganz rein; auf der einen Seite blickte der Vollmond hinter dem schwarzen Turme hervor, auf der anderen war der Horizont ganz feurig, und dichte Rauchwolken wechselten schnell mit den auflodernden Flammen. Dabei war viel Lärm auf der Straße und zu befürchten, daß das Feuer weiter um sich greife.

Im November 1852 hatten die Prinzessinnen in Morawetz den unerwarteten Besuch der Prinzen Albert und Georg von Sachsen. Diese waren in Seelowitz, einer Herrschaft des Erzherzogs Albrecht südlich Brünn, zur Jagd, sagten sich abends durch einen Boten an und kamen den anderen Tag zu Tisch. Sie waren 7 Stunden unterwegs, denn sie hatten keine guten

Pferde, und Schnee und Nebel verhinderten rasches Fahren.
Jedermann in Morawetz war sich wohl der Absicht bewußt,
welche sich hinter dem Besuche der Prinzen verbarg, und er
setzte alles etwas in Aufregung. Prinzessin Carola war schüchtern
und zurückhaltend; die geistreiche Unterhaltungsgabe, die be-
zaubernde Liebenswürdigkeit der noch immer schönen Prinzessin
Wasa benahm dieser ersten Begegnung aber jede Steifheit. Die
Freundinnen Wittinghoff Schell, von denen Sophie den Grafen
Zichy geheiratet hatte, waren zufällig anwesend. Der Kreis
war dadurch vergrößert, und es verging der Tag weniger förm-
lich und ruhiger, als es sonst vielleicht unter diesen Umständen
der Fall gewesen wäre. Zum Diner erschien Prinzessin Carola in
einem einfachen weißen Kleide aus ganz leichtem Stoff, nach
damaliger Mode mit feinen Strohbördchen besetzt, dazu rote
Schleifen. Sie war reizend, so einfach sie auch gekleidet war;
ohne Schmuck, ohne Blume, glich sie selbst einer eben zur Blume
entfalteten Knospe. Im Laufe des Abends, während Gesellschaftsspiele gespielt wurden und die Unterhaltung sich ungezwungener gestaltete, fand Prinz Albert Gelegenheit, sich der
Prinzessin, die sich weniger schüchtern zeigte und zutraulicher geworden war, mehr zu nähern. Die Prinzessin gewann an diesem
Abend das Herz des Prinzen.

Den andern Morgen verließen die Prinzen wieder Morawetz.
Bald nach der Abreise hielt Prinz Johann in einem sehr liebenswürdigen Briefe an Prinzessin Wasa um die Hand ihrer Tochter
für Prinz Albert an. Prinzessin Carola wurde dadurch in nicht
geringe Aufregung versetzt. Sie bat ihre Mutter und ihren Vater,
von dem sie inzwischen auch Briefe erhalten hatte, den Prinzen

3*

näher kennen lernen zu dürfen, besonders um auch diesem Gelegenheit zu geben, sich ein eingehenderes Urteil über sie zu bilden.
Der Prinz kam; das erste Wiedersehen war etwas steif und verlegen, das Verhältnis konnte so längere Zeit nicht fortdauern.
Den anderen Morgen, Sonntag, den 5. Dezember, waren der
Prinz und die Prinzessin im Salon kurze Zeit allein. Der
Prinz stellte die entscheidende Frage, und die Prinzessin sagte
mit vielem Herzklopfen Ja. Der Prinz umgab von nun an
seine Braut mit Liebe: der Prinzessin sehnlichster Wunsch und
teuerste Pflicht war, ihn glücklich zu machen. Prinzessin Wasa
freute sich, die Zukunft ihres einzigen, geliebten Kindes dem
Herzen wie den Händen eines edlen Prinzen anvertrauen zu
können, obwohl mit dem Scheiden ihrer Tochter der Sonnenschein ihres Lebens erlosch. Das sächsische Königshaus gewann
an Prinzessin Carola einen Schatz für Familie, Land und Volk.

Die Prinzessinnen wollten in den ersten Januartagen 1853
ihr Winterquartier nach Brünn verlegen. Weihnachten feierten
sie in Morawetz. Von den Gaben unter dem Christbaume war
Prinzeß Carola am meisten erfreut über ein Armband von ihrer
Mutter mit der Inschrift: „Für Gott, mit Gott" und über ein
sehr ähnliches Miniaturbild des Prinzen Albert, welches dieser
schon einige Tage vorher gesendet hatte. Die Prinzessinnen
waren allein in Morawetz im tiefen Schnee, ohne Arzt und im
Begriff, nach Brünn überzusiedeln, wo Prinz Albert sie erwarten
wollte, als Prinzessin Wasa an einer Luftröhrenentzündung
erkrankte. Prinz Albert kam nach Morawetz und blieb bis zum
20. Januar 1853. Während dieser stillen Tage lernte sich das
Brautpaar erst recht kennen. Der lebhafte Geist, mit dem der

Prinz an allem teilnahm, und dabei die Ruhe und Gleichmäßig
keit im Charakter beglückten die Prinzessin, die ihn herzlich liebte.
Die in Brünn ermietete möblierte Wohnung wurde am
27. Januar bezogen. Sie lag im Hause des Hofrates Chlumetzky,
Vaters des späteren Präsidenten des österreichischen Abgeordneten
hauses, und war durchaus nicht fürstlich; aber die beiden Prin
zessinnen waren einfach und anspruchslos, Prinzessin Carola
überdies mit ihrem bräutlichen Glücke und den täglichen Briefen
zu sehr beschäftigt, um sich viel mit Äußerlichkeiten aufzuhalten.

In Brünn kam Gräfin Gabriele Sermage, spätere Freifrau
von Hackelberg, als Hofdame zur Prinzessin Wasa und erwarb
sich durch ihre hübsche äußere Erscheinung, durch geraden Sinn,
Frische, Lebendigkeit und Geistesfülle rasch die Zuneigung des
kleinen Hofes.

Nicht aus äußeren Rücksichten, sondern aus schnell erblühen
der, reiner, herzlicher Zuneigung war das Bündnis der Verlobten
hervorgegangen; es fehlte deshalb bei dem glücklichen Braut
paare nicht an Ausbrüchen fröhlichen Übermutes. Prinz Albert,
Prinzessin Carola und ihre Begleiterin, Gräfin Sermage, zählten
zusammen nicht ganz 64 Jahre, und war es kein Wunder, daß
sie nicht immer eine sehr gesetzte Gesellschaft bildeten. Bei Spazier
gängen kam es vor, daß über Gräben gesprungen wurde; als sich
eine schöne, breite Allee vollkommen menschenleer zeigte, rief die
Prinzessin: „Hier ließe sich ein herrlicher Dauerlauf machen", und
im Augenblicke hatte Prinz Albert eine der beiden Damen an
jeder Hand, und vorwärts ging es im raschesten Tempo, bis das
Ende der Allee atemlos erreicht war.

In den ersten Tagen des Februar war Prinz Albert wieder

in Brünn, auch Prinz und Prinzessin Johann mit den Prinzessinnen Sidonie und Anna nahmen dort einen mehrtägigen Aufenthalt. Die zukünftigen Schwiegereltern waren sehr liebevoll und gütig gegen Prinzessin Carola, und diese fühlte sich glücklich, bald einer so ausgezeichneten Familie angehören zu können. Als die Kunde des durch Libeny am 18. Februar verübten Attentats gegen Kaiser Franz Joseph nach Brünn gelangte, eilte Prinz Albert zu dem verwundeten Freunde nach Wien und blieb an dessen Kranken lager, bis der Kaiser wieder genesen war. Prinz Albert war dann bis Anfang Mai wieder drei Wochen in Brünn.

Im Fasching besuchte das Brautpaar wiederholt Bälle der Gesellschaft von Brünn. Es konnte sich nicht von Festlichkeiten ausschließen, die gerade ihm zu Ehren diesen Winter zahlreicher waren. Prinzessin Carola betrachtete diese Gelegenheiten als eine Schule, sich für ihre neue Stellung vorzubereiten und ihre Schüchternheit zu überwinden, die sich besonders in leisem Sprechen kundgab. Die Erzherzogin Elisabeth von Modena, welche seit dem Tode ihres Mannes in Brünn lebte, war sehr freundlich gegen die Prinzessin. Diese ging auch zuweilen ins Theater. Sie war der Ansicht, die wahre Kunst zu spielen bestehe darin, so natürlich zu reden und zu handeln, daß man die Kunst nicht bemerke. Sie glaubte zwar keine maßgebende Richterin zu sein, da sie noch in keinem guten Theater gewesen war, das Brünner Theater sprach sie aber nicht an, und seine Schauspieler brachten sie durch grenzenlose Affektation zur Verzweiflung. Die Musik war grauenhaft.

Das Befinden der Prinzessin Wasa bildete in der Braut zeit eine fortwährende Sorge, da selten ein Tag ohne einen

heftigen asthmatischen Anfall oder quälende Herzbeschwerden vorüber
ging. Jede Anstrengung oder Aufregung rächte sich durch ver
mehrtes körperliches Leiden. Im Winter verließ die Prinzessin
nur aus den zwingendsten Gründen das Haus. An Sonn und
Feiertagen wurde die heilige Messe in ihrem Speisezimmer an
einem improvisierten Altare gelesen, wodurch die Notwendigkeit
des Kirchenbesuchs wegfiel. Trotz ihrer fortwährenden Leiden war
die Prinzessin nie übler Laune; sie war wohl zuweilen zaghaft
und herabgestimmt, aber der Gedanke, daß ihr über alles geliebtes
Kind an der Seite eines würdigen Mannes, im Kreise einer aus
gezeichneten Familie geborgen sein werde, gab ihr Trost und
Ergebung. Wenn man bedenkt, daß diese selten begabte Frau
von ungewöhnlicher Schönheit noch jung schon ganz mit dem
Leben abgeschlossen hatte und sich doch eine warme Teilnahme
an dem Schicksal anderer, sogar Verständnis für Scherz und
Komik bewahrte, so kann man nur mit Bewunderung an sie
zurückdenken.

Prinz Albert reiste von Brünn zu den Auerhahnjagden des
Kaisers von Österreich. Die Prinzessinnen nahmen im Mai 1853
wieder ihren Aufenthalt im lieben Morawetz. Prinzessin Carola
schrieb damals an eine Freundin: „Zum letzten Male werde
ich dort zu Hause sein. Mein Herz thut mir weh, wenn ich
an die Grenze von Österreich denke, ich liebe das gute Land
mehr, als ich selbst weiß. Die schwere Trennung von der guten
Mama, alle neuen Pflichten, die mir bevorstehen, in eine ganz
andere Familie eintreten, sie als die meinige betrachten, dann der
Umstand, daß ich doch eigentlich eine sehr verzogene Person bin,
verzogen durch Liebe und unendliche Nachsicht nicht nur von den

Meinigen, sondern von allen Leuten, die ich kenne. Überall, wo ich bis jetzt, wenn auch nur wenig, in die Welt gegangen bin, hat man mich mit Liebe und Nachsicht beurteilt und, ich kann sagen, gern gehabt." Auch die Abschiedsstunde von Morawetz ging vorüber.

Die Herrschaft kam nach dem Tode der Prinzessin Wasa in den Besitz der Prinzessin Carola; sie wurde 1858 an den Reichsfreiherrn Gabriel Gudenus verkauft und vererbte an dessen Sohn gleichen Namens. Dann besuchte die Kronprinzessin das Schloß im Jahre 1870 zum ersten Male wieder, zu einer Zeit, als es unbewohnt war. Von der Erinnerung an ihre hier verlebte Jugend tief ergriffen, besichtigte sie die Zimmer der verstorbenen Mutter, welche noch die Einrichtung jener entschwundenen Tage zeigten. Seitdem besuchte die Königin Morawetz öfter. Sie ließ auf einem vom Freiherrn Gudenus hierzu geschenkten Grunde aus Mitteln ihres Privatvermögens ein Siechenhaus errichten, das zur Erinnerung an ihre Mutter den Namen Louisen Siechenhaus führt. Die Kranken werden von Borromäerinnen gepflegt. Die Königin zeigt bei den Besuchen ihre ganze Herzensgüte und Menschenfreundlichkeit. Sie geht in die Einzelheiten ihrer Stiftung ein, hört die Bitten und Wünsche der Kranken und Armen an und verteilt eigenhändig gefertigte Kleidungsstücke. Die Beteiligung der Armen am Christfeste, die Besetzung der Stellen im Siechenhause, sowie im Kloster zu Obrowitz bei Brünn, wo sie vier Stellen zur Erziehung von Mädchen gründete, hat sie zwar der Umsicht Bevollmächtigter anvertraut, behält sich aber in allem die persönliche Entscheidung vor. Die Königin besucht bei ihrer Anwesenheit in Morawetz, wo sie von den Besitzern stets auf das gastfreieste aufgenommen wird, die einstigen Lieblingsplätze, selbst gepflanzte Bäume, Kirche und Friedhof. Sie ist glücklich, ihr altes Heim in so guten Händen zu wissen. Alte Diener werden reichlich beschenkt. Es gestaltet sich ein ländliches Fest. Die Dorfmusik spielt auf dem Rasenplatze vor dem Schlosse, und während alt und jung sich fröhlich im Kreise drehen, drängen sich die Kinder zutraulich an die zuschauende Königin heran.

Vermählung.

Die beiden Prinzessinnen reisten mit ihrem Gefolge von Morawetz nach Prag, wo sie vom sächsischen Oberkammer herrn von Koenneritz erwartet wurden. Früher Gesandter in Paris, war dieser ein stattlicher alter Herr von vornehmen, liebenswürdigen Formen und weltmännischer Gewandtheit. Er hatte schon alle Vorbereitungen für die Reise des nächsten Tages getroffen und war voller Sorge für die müde und leidend aussehende Prinzessin-Mutter, welche in der Nacht starke Herzkrämpfe bekam, so daß der Leibarzt Dr. Essenwein bis zum Morgengrauen bei ihr wachte. In ihrer großen mütterlichen Liebe hatte Prinzessin Wasa durchaus nicht erlauben wollen, daß die Tochter bei ihr bleibe, aus Besorgnis, es könnte ihr am Einzugstage die Übermüdung anzusehen sein.

Die Prinzessinnen trafen am 16. Juni mittags mit Extrazug in Bodenbach ein. Prinz Albert war ihnen mit dem früh 8 Uhr in Dresden abgelassenen, überreich mit Kränzen und Guirlanden

geschmückten Festextrazuge bis hierher entgegengereist. Nach kurzem
Aufenthalte fand ½1 Uhr die Weiterfahrt nach Pirna statt.

Die schönste Eingangspforte in das blühende Sachsenland
bildet das Elbthal, in welchem der aus Böhmen kommende
Schienenweg sich hinzieht. Bald anmutig, bald wild erscheinen
die Ufer des Flusses; die schroffen, bewaldeten Wände des
Quadersandsteingebirges der Sächsischen Schweiz treten dicht an
sie heran. Nur wo die fast senkrechten Felsen zurückweichen,
liegen an den Strom geschmiegt die freundlichen Wohnsitze. Bei
Pirna öffnet sich dann das Thal zu dem weiten Dresdner Kessel.

An einem Junimorgen hielt die hohe Braut festlichen Ein
zug in ihr neues Heimatland, dessen Bewohner sie in freudiger
Bewegung erwarteten. Jubelrufe, fliegende Fahnen und klingen
des Spiel begrüßten sie bei den Elbhäusern zu Schöna, den ersten
sächsischen Wohnungen. Die festlich geschmückten Bahnwärter
häuschen, die an den Stationen zu Schandau (Krippen), König
stein und Pirna errichteten Ehrenpforten, sowie die zahllosen
Flaggen und Kränze in den Landesfarben, womit die an der Bahn
liegenden Häuser geschmückt waren, gaben Kunde von der freudigen
Bedeutung des Tages. Von dem südöstlichen Vorsprunge des
Liliensteins wehte eine mächtige Fahne (24 Ellen lang, 7 Ellen
breit) dem Festzuge entgegen. Beim Halten richtete die Prinzeß
an die Anwesenden huldvolle Worte und gewann sich ihre Zu
neigung durch leutseliges und anmutiges Wesen. Die Ankunft
in Pirna erfolgte ¼4 Uhr. „Willkommen in Sachsen“ las man
auf der Ehrenpforte, welche die Stadt errichtet hatte. Der Eisen
bahnzug wurde verlassen. Die ersten sächsischen Truppen standen
in Parade.

Herzlich empfingen in Pirna Prinz und Prinzessin Johann, sowie die Geschwister des Verlobten und Herzog Ludwig in Bayern, welcher seine Erziehung im Kreise der prinzlichen Familie genoß, die Prinzessinnen Wasa. Zu Wagen wurde durch die lachende, liebliche Gegend in kurzer Zeit Pillnitz erreicht. Auf der Elb Fähre beim Überschreiten der Elbe stiegen die Herrschaften aus, weil diese ungewohnte Beförderungsweise der Braut nicht ungefährlich erschien. Es war für sie ein eigenartiger Anblick, diese Menge von vergoldeten Karossen, stampfenden Pferden, galonierten Reitern und geputzten Damen auf einer schwimmenden Brücke über die Elbe treiben zu sehen.

In Pillnitz erwarteten das Königspaar und der ganze Hof die Ankommenden, auch hatte die junge Prinzessin die Freude, ihre geliebte Großmutter hier zu finden. Es war ein fröhliches und buntes Leben. Nach der Familientafel brachte auf Gondeln der Opernsängerchor ein Abendständchen. Der 17. Juni war ein Tag der Ruhe; nur die Liedertafel sang am Morgen einige Weisen.

Die Vermählung des Prinzen Albert mit der Prinzessin Caroline, wie die hohe Braut offiziell überall genannt ist, fand am 18. Juni statt.

Der Einzug der Prinzessinnen in die festlich geschmückte Residenz, die schon von früh an in freudiger Bewegung war und tausend und aber tausend Gäste in ihren Mauern sah, erfolgte vormittags 11 Uhr vom Palais des Großen Gartens aus. Voran im Fest zuge ritten die Gendarmerie, die Postbeamten mit 8 blasenden Postillonen an der Spitze, der Zug der Landleute aus der Amtslandschaft Dresden mit Fahnen und Trompeterchor; zwei

Zügen Gardereitern folgten das Forstpersonal, die Herren der
Residenz, das Offizierskorps; dann kamen königliche Beamte und
Reitknechte. Die Prinzessinnen fuhren in einem reich mit goldenen
Verzierungen geschmückten offenen Galawagen. Rechts ritt der
stellvertretende Gouverneur Generalmajor von Friederici, links
der Kreisforstmeister von Feilitzsch. Das Gefolge der Prinzessinnen
hatte in einem zweiten vierspännigen Wagen Platz genommen.
Gardereiter bildeten den Schluß. Als sich der Zug vom Großen
Garten aus in Bewegung setzte, begann die an der Blasewitzer Straße
aufgestellte Batterie zu feuern, und als nach den ersten fünfzig
Schuß der Zug sich dem mit einer Ehrenpforte geschmückten
Dohnaischen Schlage näherte, ertönte das Geläut aller Glocken
der Stadt.

Dresden gewährte einen überaus festlichen Anblick. Die Anhänglichkeit und Liebe der Bevölkerung zu dem angestammten Königshause zeigte sich überall. Die Straßen, durch welche der Einzug
erfolgte: die Dohnaische Gasse, die Waisenhausstraße, die See-
und Schloßgasse, waren in mit Fahnen geschmückte Blumengärten
verwandelt. Tausende von Zuschauern füllten Straßen und
Fenster, Kopf drängte sich an Kopf. Lauter Jubel scholl den
Fürstinnen entgegen. Den Mittelpunkt der städtischen Aus-
schmückung bildete der Festbau vor dem Rathause auf dem Alt
markt, eine Zusammenstellung von vier offenen Rundbogen mit
entsprechenden Säulengruppen auf beiden Seiten. Auf den vier
Hauptsäulen des Mittelbaues standen die allegorischen Statuen
der Freude und Liebe, des Glückes und Wohlstandes. Depu
tationen, Innungen, Schützengesellschaften, Schulen füllten den
Markt. Von der Seegasse bis zum Festbau streuten fünfzig

Mädchen Blumen, während tausendstimmiger Jubelruf und aus
allen Fenstern wehende Tücher die Ankunft des Zuges anzeigten.
Bewegt drückte Prinzeß Carola dem Bürgermeister Pfotenhauer
ihren Dank für die Begrüßung aus. Ein jubelndes Lebehoch
antwortete ihr. Die natürliche Huld der Prinzeß begann rasch
die Liebe des Volkes zu gewinnen. Die Prinzessin war während
ihrer Erziehung von ihrer Mutter fortgesetzt zum Grüßen ange-
halten worden, und freute sich Prinzessin Wasa, wenn ihr zu
Ohren kam, daß das freundliche Grüßen ihrer Tochter gefalle.

Vom königlichen Hause im Schlosse empfangen, setzte sich
der Trauungszug von den Zimmern der Königin um 2 Uhr in
Bewegung nach der katholischen Hofkirche, wobei Prinz Albert
zwischen dem Könige Friedrich August und dem Prinzen Johann,
Prinzessin Caroline von Wasa zwischen den Prinzessinnen Johann
und Louise von Wasa schritten. Dann folgten die Königin Marie und
die Großherzogin Stephanie von Baden, der Herzog von Genua und
die Erbgroßherzogin von Sachsen Weimar, der Regent von Baden
und die Herzogin von Genua, der Herzog von Sachsen Meiningen
und die Erbprinzessin von Sachsen Altenburg, Herzog Joseph von
Sachsen Altenburg und Prinzessin Anna, der Erbgroßherzog von
Sachsen Weimar und Prinzeß Amalie, der Erbprinz von Sachsen
Altenburg und Prinzeß Auguste, endlich Prinz Georg, Herzog
Ludwig in Bayern und Prinz Hermann von Sachsen-
Weimar.

Die Einsegnung der Ehe vollzog der apostolische Vikar
Bischof Dittrich. Die helle, schöne Kirche war dicht gefüllt.
Aller Augen richteten sich auf die in reines Weiß gekleidete
Braut, auf dem edlen, mit einer Fülle dunkelbraunen Haares

geschmückten Haupte den Myrthenkranz, die schöne, zarte Gestalt
demütig gebeugt, ihr schönster Schmuck ein unbeschreiblicher Aus=
druck von Andacht und Liebe. Aus der Versammlung stieg
manches stille Gebet für ihr Glück zum Himmel empor. Nach
Vollziehung der heiligen Handlung wurde unter dem Geläute
aller Glocken, unter Abfeuerung des Geschützes und Gewehrsalven
das Te Deum gesungen. Nach den darauf folgenden Glückwunschkuren im Schlosse war um 6 Uhr „extendierte" Familientafel. Ein von der Bürgerschaft gebrachter Fackelzug beschloß den
festlichen Tag.

Die Glückwünsche zahlreicher Deputationen (23) nahm das
neuvermählte hohe Paar am 19. Juni mittags entgegen. Abends
war Théâtre paré. Der vom Kapellmeister Reissiger kom=
ponierten Festouvertüre folgte ein von Theodor Hell gedichteter
und von Frau Bayer-Bürck gesprochener Prolog. Als Festvor-
stellung war die von Mozart zur Krönung Kaiser Leopolds von
Österreich in achtzehn Tagen komponierte Oper „Titus" bestimmt
worden. Tichatschek sang den Titus, Fräulein Ney die Vitellia.
Ein großes Schul- und Kinderfest fand am 20. im Großen
Garten statt. Die Prinzessin bewegte sich lange unter der
munteren Schar und erfreute sich an den leuchtenden Dankes-
blicken der Kinder. Abends war Dresden illuminiert. Während
die Feierlichkeiten der letzten Tage vom Wetter noch insoweit begünstigt wurden, daß ihre Ausführung erfolgen konnte, und der
Hofball am 21. Juni guter Witterung nicht bedurfte, verregnete
das Feuerwerk am 23. Juni. Leider war auch das Wetter dem
am 26. Juni in Pillnitz stattfindenden Aufzuge von 3000 Land-
leuten aus der Umgegend beider Elbufer nicht günstig. Den Schluß

der Festlichkeiten bildete am 2. Juli eine Huldigungsserenade der Mitglieder des Hoftheaters.

Großherzogin Stephanie und Prinzessin Wasa reisten am 4. Juli nach Prag ab. Die Trennung war für Prinzeß Carola der erste Kummer in diesen glücklichen Zeiten, da sie mit großer Zärtlichkeit an ihrer Mutter hing.

Die erſten Jahre in Sachſen.

Herzliche Zuneigung hatte die junge Ehe geſtiftet. Es be gann ein von der Schönheit und Anmut der Prinzeſſin erfülltes glückliches Familienleben während des folgenden friedlichen Jahr zehnts.

Das ganze Königshaus ſtellte eine innig verbundene Ge meinſchaft dar. König Friedrich Auguſt, voll Milde und tiefen Gemütes, und Königin Marie, eine Frau von fürſtlichem Anſtande, ausgezeichnetem Geiſte und großer Güte, bildeten mit Prinz Johann, Prinzeß Amalie und ihren Kindern nur eine große Familie; zwei Brüder, die zwei Schweſtern gefreit hatten. Nach dem frühen Tode des Bruders wurde König Johann der Mittel punkt der Familie, dieſer ſelten begabte Mann, Gelehrte und Fürſt, der es, obwohl ihm die Zeit viel Trübes brachte, verſtand, überall das Gute und Schöne zu entdecken und das Üble und Unſchöne zu überwinden, der eben deshalb ohne Mißmut und Laune, auch in den ſchlimmſten Momenten, nicht nur ſich ſelbſt den rechten Mut und die wahre Heiterkeit des Geiſtes bewahrte, ſondern auch beides ſeiner Umgebung einzuflößen wußte. Königin

Amalie besaß reiche Gaben des Herzens und Geistes, einen liebenswürdigen und feinen Humor. Prinz Georg und ein Kranz schöner, blühender Töchter vervollständigten diesen Kreis, wo schlichte Frömmigkeit, Glaube an das Ideale und Sinn für das Familienleben herrschten. Zu ihm gehörte jetzt auch das neuvermählte Paar.

Prinz Albert bezog eine Wohnung im zweiten Stock des Mittelpalais am Taschenberg. Als Sommerwohnung war ihm das Palais auf der Langengasse, der jetzigen Zinzendorffstraße, überwiesen worden. Ein kleines viereckiges Türmchen war die einzige Zierde, welche das nur aus einem von dem Ziegeldache mit Mansardenfenstern übersetzten Erdgeschoß bestehende, höchst bescheidene Gebäude vor den umgebenden Bürgerhäusern aus- zeichnete. Es lag zwischen dem geräumigen Hofe und einem großen, parkähnlichen Garten. Die häusliche Einrichtung war in beiden Wohnungen einfach, alles in Sachsen gearbeitet und nichts aus dem Auslande beschafft. Der Sinn der Prinzeß für alle Gegenstände des Kunstgewerbes und ihr guter Ge- schmack bewiesen sich bald dadurch, daß sie ihr Heim zu einem eleganten und doch zugleich wohnlichen gestaltete. Da die Wohn- zimmer der Prinzessin im Sommer zu ebener Erde waren, be- nutzte sie viel den herrlichen Garten. Sie fand das Dresdner Leben angenehm. Das junge Paar sah wenig Menschen außer bei Tisch, wozu öfter Einladungen ergingen. Die Prinzessin las und schrieb sehr viel, empfing Besuche, was sie wenig unterhielt, da sie die Menschen noch nicht kannte, und trippelte herum, wie sie es nannte. Bei längeren durch seinen militärischen Beruf bedingten Abwesenheiten des Prinzen beschlich die Prinzessin etwas Heimweh, doch sie tröstete sich mit dem schönen Gedanken, im Oktober auf einige Zeit nach Morawetz zu gehen. Prinz und Prinzeß Albert waren sehr viel am Hoflager in Pillnitz, wo ziemlich viel Etikette herrschte und noch mehr Hang an Gewohnheiten. Um 8 Uhr war dort gemeinschaftliches Frühstück, dann blieb man beisammen bis ½10; um 3 Uhr war großes Diner, nachher Cercle, dann allgemeine Promenade, der sich Thee und Souper anschloß. Die Herren spielten Billard, und die Damen arbeiteten. Die große Regelmäßigkeit konnte mitunter etwas an Langeweile streifen. Die Prinzessin war nicht von Jugend auf gewöhnt, an einem Hofe zu leben, und liebte die Freiheit. Sie bemühte sich, ihre Individualität zu erhalten, ohne sich mit den anderen in Widerspruch zu setzen.

Mit der Leitung der prinzlichen Hofhaltung war der persönliche Adjutant des Prinzen Albert, Major Adolf Senfft von Pilsach, beauftragt, unter dessen Aufsicht der Haushalt, trotz der keineswegs ansehnlichen Mittel, in vortrefflichem Stande erhalten wurde. Überhaupt war Major von Senfft ein Mann von seltener Hingebung für sein schwieriges Amt, der das Interesse seines Herrn unter Beobachtung der zartesten Rücksichten und Formen nach allen Seiten hin zu wahren verstand. Er war mit ganzem Herzen Soldat und ging auf die Anerbieten, in Hofdienste zu treten oder die Stellung des Theater-Intendanten zu übernehmen, nicht ein. Die hohen Herrschaften sind ihm stets sehr gnädig gesinnt geblieben; alljährlich wurde er zum Verlobungstage, am 5. Dezember, zur Tafel befohlen. Wer später den tapferen, charaktervollen und liebenswürdigen alten Herrn gekannt, dem wird er die Erinnerung als an einen echten Edel mann hinterlassen haben. Nach dem Ringwechsel war der sächsische Dienst bei Prinzessin Carola angetreten, als Oberhofmeisterin die verwitwete Frau Konferenzminister Freifrau von Werthern, geborene von Wuthenau, als Hofdame Gräfin Anna Schall Riaucourt. Die in Sachsen angesehene und verehrte Oberhofmeisterin hatte der Prinzeß in den ihr noch fremden sächsischen Verhältnissen zur Seite zu stehen, während die Hofdame ihr eine liebenswürdige und sympathische Begleiterin wurde. Die persönlichen und die Truppenadjutanten des Prinzen*) wurden vollständig zu dem täglichen Leben des kleinen Hofes herangezogen und übernahmen in vielen Fällen die Obliegenheiten des Hofdienstes.

Das junge Paar besuchte Leipzig, Chemnitz, Döbeln und Bautzen, von der Bevölkerung überall auf das freudigste begrüßt. Am Bahnhofe zu Leipzig war die dortige Kommunalgarde aufgestellt, ein Wahrzeichen jetzt längst vergangener Zeiten.

Nach den großen Manövern des Jahres 1853 weilte Ende Oktober das prinzliche Paar einige Zeit zum Besuche in Morawetz. Der Prinzessin wurde die große Freude des ersten Besuches bei ihrer Mutter dadurch etwas getrübt, daß Prinz Albert durch eine Zusammenkunft des Kaisers von Österreich mit dem König von Preußen in Bodenbach abgehalten war, sie sogleich dahin zu begleiten; aber das Wiedersehen mit der teuren Mutter war unbeschreiblich süß für sie.

Auch im März des Jahres 1854 besuchte die Prinzessin erneut ihre Mutter, weil die Nachrichten über deren Befinden sehr

---

*) Näheres über dieselben in: „König Albert, Fünfzig Jahre Soldat."

beängstigend klangen. Es war das letzte Wiedersehen! Prinzessin Carola gebrauchte im Juli 1854 die Kur in dem aufblühenden, von etwa 700 Kurgästen besuchten sächsischen Badeorte Elster. Im Vogtlande an der Elster, 473 m hoch gelegen, besitzt das Bad den Franzensbader Quellen ähnliche alkalisch salinische Eisenwässer. Das Elsterthal ist hier nicht sehr tief und wird durch das Einmünden mehrerer flacher Wiesengründe kesselförmig erweitert. Es ist von schön bewaldeten Bergen eingefaßt und dadurch vor scharfen Winden geschützt. Der freundliche Ort trägt den Charakter ländlicher Abgeschiedenheit und Einfachheit, der Ruhe und Gemütlichkeit.

In dieser stillen Zurückgezogenheit sollte die Prinzeß von einem der traurigsten Ereignisse ihres Lebens betroffen werden. Prinz Albert besuchte die Prinzessin in Elster, und hatten sie dort drei Tage in ungetrübter Freude und Glückseligkeit zugebracht, als der Prinz beunruhigende Nachrichten über das Befinden der leidenden Prinzessin Wasa erhielt. Er reiste, ohne der Prinzessin aus Besorgnis für ihre Gesundheit den Grund zu sagen, nach Mähren ab und fand dort bereits die Fürstin von Hohenzollern am Krankenlager ihrer Schwester. Sie befanden sich bald an einem Sterbebette. Prinzessin Louise von Wasa verschied am 19. Juli nachmittags 5 Uhr in Karthaus (Königsfeld) bei Brünn an Lungenlähmung. Prinzessin Carola war aus Elster [auf der Reise nach Dresden in Leipzig eingetroffen, um sich zu ihrer inniggeliebten kranken Mutter zu begeben, fand hier jedoch schon die auf telegraphischem Wege eingegangene Trauerbotschaft vor. Prinz Albert traf am 23. Juli wieder aus Brünn in Dresden ein und brachte am 25. Prinzeß Carola

nach Elster zurück, wohin sie Prinzeß Stephanie von Hohen=
zollern begleitete. Prinz Albert reiste nach Sigmaringen zur
Beisetzung der von Brünn dahin überführten Leiche der Prinzeß
Waja.

Die Natur in Elster war in der folgenden Trauerzeit der
Prinzessin wohlthätig. Die Gegend erinnerte sie in ihrer Frische
und Wildheit an ihr liebes Mähren, die treuherzigen Leute
hatten sie liebgewonnen, sie führte ein Leben, das sie ansprach
und an ihr früheres erinnerte. Prinzessin Carola wurde durch
den Besuch des Prinzen Albert und der Familie des Prinzen
Johann zu ihrem 21. Geburtstage erfreut; auch Prinz Waja
hatte sich dazu eingefunden. Prinz Albert war noch in Elster,
als eine neue Trauerbotschaft, die Nachricht von dem unerwarteten, am 9. August auf einer Reise in Tirol erfolgten Tode
des Königs Friedrich August, eintraf. Die Kunde war je un-
vorbereiteter, desto erschütternder. König Friedrich August war
auf der Fahrt von Imst nach Wens bei Brennbichl mit einem
kleinen, einspännigen Wagen umgeworfen und am Hinterkopfe
durch den Schlag des Postpferdes tödlich verletzt worden. Der
bezeichnendste Charakterzug des Königs war die Herzensgüte
gewesen. In seinem Privatleben war er das Vorbild eines Haus=
vaters, würdevoll, aber nicht stolz, freigebig zum Wohlthun,
aber nicht verschwenderisch, ein zärtlicher Gatte, ein milder Herr,
ein treuer Freund, unsträflich und fleckenlos in seinem Wandel.
Die Werke Gottes in der Natur zu bewundern, das war seinem
reinen und heiteren Gemüt die höchste Freude, die schönste Er=
holung. Viele gemeinsame Interessen hatten die freundschaft-
lichsten Beziehungen zwischen dem Könige und Prinzeß Carola

veranlaßt. Namentlich liebten und erforschten beide mit gleichem Interesse die Blumen= und Pflanzenwelt, auch erfreute sich der König an ihrem Sinn für Kunst. Es war der Prinzessin eine wehmütige Freude, daß er ihr im Testamente zwei schöne Land= schaftsbilder von Öhme hinterließ. Die Trauer der Prinzeß war aufrichtig und tief. Nach Beendigung der Kur kehrte sie am 27. August nach Dresden zurück und ging sogleich zur ver= witweten Königin auf deren Weinberg, um ihr etwas Gesellschaft und Trost zu bieten, denn der König war ihr alles, ihr ganzer Lebenszweck gewesen.

II.

Kronprinzessin.

1854—1873.

Friedliche Zeiten.

Die äußeren Verhältnisse des nunmehr kronprinzlichen Paares veränderten sich wesentlich durch die beiden Todesfälle. Morawetz ging in den Besitz der Kronprinzessin über. Es wurde 1858 an den Freiherrn Gudenus verkauft. Die Besitzerin trennte sich schweren Herzens von dem Heimatorte ihrer Jugendjahre, und nur finanzielle Rücksichten, sowie der Wunsch, in Sachsen eigenen Grund und Boden zu erwerben, ließen den Entschluß dazu reifen. Die Stände bewilligten dem Kronprinzen eine Apanage. Da das Grundstück auf der Langengasse zur Sekundogenitur gehörte und an Prinz Georg überging, bezog der Kronprinz für die Sommermonate das kleine Gartenpalais in der Ostraallee, welches einst sein Großvater Prinz Max bewohnt hatte. Es wurde im Frühjahre 1855 dahin übergesiedelt. Hofmarschall war im November 1854 Major von Zezschwitz geworden, ein sehr guter Administrator, aber ganzes Original mit ausgeprägtem Widerspruchsgeiste. Man mußte ihm gut sein, wenn auch sein Auftreten zuweilen ein etwas derbes war.

Der Winter verlief sehr still. Die Kronprinzeß übernahm das Protektorat des Sächsischen Pestalozzivereins und erfüllte

von nun an in immer steigendem Maße das Gebot: „Wohlzu=
thun und mitzuteilen vergeßet nicht!" Sie unterbrach ihr viel
seitiges und anstrengendes Wirken immer bereitwillig und mit
Freuden, wenn es galt, Kranke zu besuchen, Leidende zu trösten,
Armen Hilfe zu bringen.

Der Tod des Herzogs Ferdinand von Genua Anfang des
Jahres 1855 war die Ursache zu einer fünfwöchigen Abwesenheit
des Kronprinzen, der zur Beisetzung seines Schwagers nach Turin
reiste und nach derselben einige Zeit in Italien bei seiner ver
witweten Schwester blieb. Die Gesundheit der Kronprinzeß machte
im Sommer zwei Badekuren notwendig, erst in Marienbad und
dann in Doberan. Prinzessin Anna begleitete sie an die mecklen
burgische Ostseeküste. Es wurden täglich Ausfahrten zu Wagen
gemacht, auch wurde viel auf die See hinausgefahren. Die Kron
prinzeß war fest gegen die Seekrankheit, während ihre Umgebung
öfters dem Meere Tribut entrichten mußte. Das kronprinzliche
Paar reiste im Oktober nach Ischl. Kronprinz Albert war mit
Kaiser Franz Joseph in inniger Freundschaft verbunden. Die
Jagd gab fast alljährlich beiden hohen Herren Gelegenheit zu
längerem Beisammensein in der herrlichen Alpennatur des Salz
kammergutes. Die Kronprinzeß verbrachte einige Zeit bei der
jungen Kaiserin in deren mit schönen Parkanlagen umgebener, am
Fuße des Jainzenberges und am Ufer der Ischl gelegener Villa.
Auf der Rückreise wurde in München einige Tage Aufenthalt
genommen, und die Prinzessin erfreute sich an den schönen Kirchen
und Kunstsammlungen.

Ende Juni 1856 besuchte das kronprinzliche Paar auf
mehrere Tage den Berliner Hof und fand dort die zuvorkommendste

Aufnahme. Mitte Juli wurde eine Reise nach Lindau ange=
treten, wo die Kronprinzeß blieb, während der Kronprinz bis
Mitte August die Schweiz bereiste. Die Kronprinzeß bewohnte
außerhalb der Stadt, nahe beim Lindenhof, die Villa Brune
mit einer der herrlichsten Fernsichten auf die weite, grüne Wasser
fläche des Bodensees und auf die Alpen bis Säntis und Seesa
plana. Das Leben war still, nur unterbrochen durch längeren
Besuch der Herzogin Helene in Bayern, nachherigen Erbprinzeß
von Thurn und Taxis. Herrlich waren die Spaziergänge und
Fahrten zu verschiedenen Tageszeiten, wobei See und Gebirge
sich in immer neuen Lichtern und Farben darstellten; sie führten
öfters zu Prinzeß Luitpold von Bayern, welche in Lindau eine
Besitzung hatte. Mitte August kehrte der Kronprinz über Lindau
nach Dresden zurück.

Die Kronprinzeß überraschte ihre Großmutter in Umkirch
bei Freiburg im Breisgau und beredete sie, mit ihr nach der
Weinburg zu gehen. Hier bei ihrer Tante, der Fürstin
von Hohenzollern, weilte die Kronprinzeß mit besonderer
Vorliebe, und wiederholten sich diese Besuche in vielen
späteren Jahren. Das zwischen Rorschach und Rheineck im
Rheinthale, am Fuße des Buchberges mit dem Blick auf die
Vorarlberger Alpen gelegene Schloß war der Sitz wahren Familien
glückes. Jede steife Etikette war verbannt. Wohlwollen und
Ungezwungenheit herrschten in dem Kreise der Verwandten und
Gäste des Fürsten und der Fürstin. Die Kronprinzeß empfand
hohe Verehrung für ihren Onkel. Fürst Karl Anton von Hohen
zollern war eine hervorragende Persönlichkeit von großer Klarheit
des Geistes und festem Willen. Die Kronprinzeß weilte oftmals,

auch später als Königin, in dem auf einem unmittelbar aus der Donau steil emporsteigenden Felsen gelegenen alten Schlosse Sigmaringen, wo sie die schönsten Kindheitserinnerungen feierte, da sie mit 8 Jahren zum ersten male in Begleitung ihrer Mutter dort war, ferner in dem nahen anspruchslosen Wohnsitze Krauchenwies bei ihren fürstlichen Verwandten; auch besuchte sie dieselben 1858 und 1859 in Düsseldorf, wo der Fürst in preußischen Diensten stand. Die Kronprinzeß verstand es jetzt und auch später als Königin, ihre verwandtschaftlichen Besuche mit ihren Reisen geschickt in Zusammenhang zu bringen. Bei dem im Charakter der Kronprinzeß besonders ausgeprägten verwandtschaftlichen Gefühle war sie im Kreise naher Angehöriger, von denen sie auf Händen getragen wurde, besonders glücklich.

Während der Abwesenheit der Kronprinzessin waren 1856 am Dresdner Hofe zwei wichtige Ereignisse zu verzeichnen gewesen. Prinzessin Margarethe hatte sich mit Erzherzog Carl Ludwig von Österreich, Statthalter von Tirol und Vorarlberg, zweitem Bruder des Kaisers, Prinzessin Anna mit dem Erbgroßherzog Ferdinand von Toscana verlobt. Am 4. und 24. November waren die Hochzeiten. Bei derjenigen der Prinzeß Margarethe schritt die Kronprinzeß im Zuge neben dem Erzherzog Maximilian, der so tragisch als Kaiser von Mexiko endete. Glänzende Feste waren bei Hofe und sowohl bei dem österreichischen Gesandten Fürsten Metternich, der im Preußschen Hause wohnte, als auch bei dem toskanischen außerordentlichen Gesandten Fürsten Corsini, welcher die Räume der Harmonie-Gesellschaft dazu erbeten hatte.

Nach einem längeren Aufenthalte des kronprinzlichen Paares

in Morawetz während des Juni 1857, dem letzten vor dem Verkaufe
der Herrschaft, folgten Besuche bei den Weimar'schen und Meiningen
schen Herrschaften in den Schlössern Wilhelmsthal und Altenstein.
Thüringen gefiel der Kronprinzessin sehr; sie fand es schön und
poetisch, sie freute sich über seinen historischen Charakter, der
Anblick der schönen Wälder erinnerte sie an Mähren, die Leute
erschienen ihr bieder und gutmütig. Die Kronprinzeß reiste
im August zur Kur nach Bocklet. Das kleine Bad mit
kräftigen Stahlquellen und Schlammbädern liegt nördlich von
Kissingen an der Saale in einem anmutigen Wiesenthale, von
bewaldeten Bergen umgeben. Außer einem Park mit hohen,
alten Bäumen bot es wenig Anziehendes. Zahllose Mücken
plagten die Kurgäste.

Im Herbste fanden große Manöver unter der Oberleitung
des Kronprinzen auf dem linken Elbufer bei Dresden statt.
Während derselben weilte Kaiser Franz Joseph von Österreich
einige Tage als Gast in Dresden, auch stattete Kaiser Nikolaus
von Rußland dem sächsischen Königshofe einen kurzen Besuch ab.

Die Kronprinzeß war im Juni und Juli 1858 in
Kissingen, der Kronprinz in Helgoland. Beide waren Mitte
November auf einige Tage bei den kaiserlichen Majestäten in
Prag. Die Freude der Königsfamilie über die Verlobung des
Prinzen Georg mit der Infantin Maria Anna von Portugal
wurde getrübt durch den am 15. September in Monza nach
kurzem Nervenfieber erfolgten Tod der Erzherzogin Margarethe,
im 19. Lebensjahre, in der Blüte jugendlicher Schönheit dahin
gerafft, welche sie nicht minder schmückte als die gewinnendsten
Eigenschaften des Geistes und Herzens. Sie wurde in Innsbruck

beigesetzt. Ein tieftrauriger Fall war es, daß auch ihre Schwester, Erbgroßherzogin Anna von Toscana, am 10. Februar 1859 aus diesem Leben abgerufen wurde, aus einer glücklichen Ehe, von einer kleinen reizenden Tochter hinweg. Sie starb in Neapel und ruht in Florenz.

Dresden hatte sich zum 27. Mai 1859 herrlich geschmückt. Es galt, den Einzug des Prinzen Georg mit seiner erlauchten Gemahlin zu feiern. Das junge Paar war nach der Hochzeit in Lissabon über England nach der Heimat gereist. Am 26. Mai abends traf es in Moritzburg ein, herzlich empfangen von der königlichen Familie. Der Einzug in die Residenz, der Empfang im Schlosse am folgenden Tage war ebenso feierlich, wie er den treuen Sachsen wieder eine Gelegenheit bot, die aufrichtigsten Gesinnungen der Ergebenheit zum Ausdruck zu bringen. Die neubegründete Familie des Prinzen Georg schloß sich eng an das Königshaus an. Die ungetrübteste Eintracht herrschte in diesem sich immer mehr erweiternden Kreise. Wenn auch im Süden geboren, war Prinzessin Maria Anna doch eine echt deutschblonde Schönheit von ruhigem Wesen und vortrefflichem Charakter. Sie war von der Natur reich begabt mit gesundem Verstand und fein gebildetem Sinn. Die Einfachheit ihrer tiefen, in sich geschlossenen Natur, die anmutige Würde ihres Auftretens, die Güte und Teilnahme, die sie jedem entgegenbrachte, gewannen ihr rasch alle Herzen. Gott segnete sie mit einer Reihe blühender Kinder.

Trauer und Freude wechseln am Fürstenhofe, wie in der Hütte. Der Besuch, welchen die Kronprinzessin im Frühjahr 1859 bei ihrer Großmutter in Mannheim gemacht hatte, war das letzte

Wiedersehen gewesen. Großherzogin Stephanie starb am 29. Januar 1860 in Nizza, und wohnten Kronprinz und Kronprinzeß ihrer Beisetzung in der Familiengruft zu Pforzheim bei. Die Kronprinzeß hatte ihre würdige Großmutter außerordentlich geliebt und verehrt, und war ihr der Verlust ein schwerer Kummer.

Wenn auch damals die Einfachheit der Einrichtungen, die Anspruchslosigkeit an äußeren Komfort weit größer war als jetzt, zeigte sich doch das kleine Max-Palais als gänzlich unzureichend für einen langen Sommeraufenthalt, namentlich weil es stets dem Lärm, Ruß und Staub der Stadt ausgesetzt blieb. Die Kronprinzeß als große Freundin der frischen Luft und freien Natur empfand dies sehr und war deshalb bestrebt, ein wenn auch kleines und bescheidenes, so doch ländliches und frei gelegenes Heim für den Sommer zu finden. Gern fuhr sie in der Dresdner Gegend umher, um etwas Passendes zu suchen. Da fand die Kronprinzessin im Frühjahr 1859 bei ihren Morgenspaziergängen im Großen Garten in dem freundlichen Dorfe Strehlen einen kleinen, dem Schneider Lauterbach gehörenden Besitz. Er bestand aus einem nicht sehr großen, zweistöckigen Hause, welches auf der Stelle einer früheren Hegereiterwohnung, des sogenannten Rothen Hauses, erbaut worden war, umgeben von einem Obstgarten, in dem sich ein kleiner Teich befand. Die Lage war reizend, von großer Lieblichkeit in ihrer Umgebung und nahe bei Dresden. Die Villa wurde gekauft, nachdem die kronprinzlichen Herrschaften sie bei einem ganz gelungenen Inkognito besichtigt hatten. Bei reichster Frühlingspracht fand am 30. Mai 1860 der Einzug statt. Strehlen war mit Flaggen, Kränzen und Maien geschmückt. Die Einwohnerschaft zog dem Prinzenpaare jubelnd entgegen.

Drei Jungfrauen überreichten ein Gedicht, ein Hühner= und ein Taubenpaar. Der Schuljugend wurde nachmittags ein kleines Fest im Gasthofe bereitet.

Die Kronprinzessin erkrankte im November 1860 an den Masern. Unermüdlich in Vorbereitungen für die Weihnachtsfeier der Armen ließ sie wollene Sachen von bedürftigen Arbeiterinnen herstellen, um sie dann an noch bedürftigere Leute zu ver= schenken. Bei der Ablieferung von solchen Arbeiten hatte sie selbst eine Jacke anprobiert, ohne zu wissen, daß diese in einer Familie gestrickt worden war, in welcher die Masern herrschten, und sich dadurch die Krankheit zugezogen. Die Ärzte Dr. von Ammon und Dr. Grenser leiteten die Behandlung. Die Krank= heit verlief normal. Es trat aber der bedauerliche Fall ein, daß sich ein Glied der Königsfamilie nach dem andern ansteckte, und es glich bis in den Januar hinein das Schloß einem Hospital der zum Glück nur leicht auftretenden Epidemie.

Nachdem die Kronprinzeß im Sommer 1861 mit Prinzessin Sidonie die Kur in Kissingen gebraucht hatte, begleitete sie im Herbst den Kronprinzen nach Zittau, wo das kleine sächsische Heer zu Manövern vereinigt war. Leider wurden die Übungen durch schlechtes, regnerisches Wetter beeinträchtigt.

Das Jahr 1862 brachte wieder einen schweren Verlust. Die liebenswürdige Königstochter Sidonie starb am 1. März an Unterleibstyphus. Einen Monat des Sommers brachte die Kronprinzeß bei Prinz Wasa auf dessen Sommerwohnsitz in Hacking zu.

Die Herrlichkeit des Sommers zog die kronprinzlichen Herrschaften mächtig hinaus zu größeren Reisen und forderte

zum Genusse der Berg und Landluft auf. Der Kronprinz
liebte die Alpen, die Kronprinzeß hatte die größte Freude an
der gebirgischen Natur. Ende Juli 1863 wurde eine Reise nach
dem Berner Oberlande angetreten. Der Weg führte über
Frankfurt an den Rhein, wo in Rüdesheim eine Freundin der
Kronprinzeß, Gräfin Bella Ingelheim, die Brömser Burg, ein
altes römisches Kastell, bewohnte. Es wurde über Baden und
Freiburg Umkirch besucht, in Erinnerung an die Großherzogin
Stephanie. Der Besuch sollte ganz inkognito stattfinden, doch
hatte die Kronprinzeß den Geistlichen benachrichtigen lassen; und
so kam es, daß sie bei ihrer Annäherung mit Böllerschüssen
empfangen und von der Schuljugend mit von einer Violine
begleitetem Gesange begrüßt wurde. Das Inkognito der Herrschaften wurde auf den Reisen meist verraten, und nur in seltenen
Fällen gelang es, dasselbe aufrecht zu erhalten.

Die Schweiz bot den Genuß ihrer unerschöpflichen Natur=
schönheiten; gute Gasthöfe sorgten für materielles Wohlbefinden.
Einer der lohnendsten, aber auch anstrengendsten Ausflüge war
der auf die Schynige Platte (2070 m), diese ebenbürtige Rivalin
des Faulhorns, von Interlaken aus. Der fünfstündige Aufstieg
auf gewundenem Pfade, oft in Buchen und Tannenwald, mit
den herrlichen Ausblicken auf das Bödeli und die Seen, ins
Lauterbrunnenthal und in die unendliche Bergpracht und Gletscher-
welt war für die Kronprinzeß ein hoher Genuß, aber auch eine
große Anstrengung, da sie, von Schwindel nicht frei, nur mit
Anwendung aller Willenskraft das Ziel erreichte. Hier lagen
dann die Bergriesen des Berner Oberlandes vom Wetterhorn bis
zum Eiger vor ihren entzückten Blicken. Nach Beendigung der

Reise nahm die Kronprinzeß im September einen längeren Aufent
halt in Baden-Baden.

Während der Schweizreise hatten in Frankfurt die Ver
handlungen des Fürstentages stattgefunden. Ernster gestaltete
sich nach mehr als zehn Friedensjahren die Lage in Deutschland.
Die Kronprinzeß war keine politische Frau, wenn sie auch an allen
ihr liebes Sachsen betreffenden Angelegenheiten regen Anteil
nahm. Ihre Logik war die einer edlen Frau, die stets das Gute
will. Sie stand auf der Seite des Friedens und der Gerechtig-
keit. Es wurde ihr zuweilen schwer zu verstehen, daß das po
litische Recht ein anderes ist als das Gerechtigkeitsgefühl, welches
eine edle Frau im Herzen trägt. Sie stand 1859 auf der Seite
Österreichs, als sich dieses durch die Herausforderung Napoleons
zum Kriege gedrängt sah, Sachsen sich kriegsbereit machte, der
Kronprinz als Befehlshaber für das IX. deutsche Bundesarmee-
korps ausersehen war und zur Vervollständigung seines Stabes
Offiziere aus Kassel und Wiesbaden eintrafen. Die Hoffnung,
für Großdeutschlands Recht, Macht und Ehre in den Kampf zu
ziehen, ging nicht in Erfüllung.

Nach Beendigung des italienischen Krieges begann die Lage
in Deutschland gespannter zu werden. Die durch die schleswig
holsteinische Frage entstehenden Verwicklungen griffen in die po
litische Thätigkeit der einzelnen Bundesstaaten ein. Sachsen
wurde veranlaßt, einen Teil seiner Armee nach Holstein zu senden.
Der Kronprinz besichtigte die Truppen vor ihrem Abtransport,
am 14. Dezember 1863 nachmittags die drei Bataillone der
1. Infanteriebrigade „Kronprinz“. Auch die Kronprinzeß winkte
im Wagen den abmarschierenden Truppen ihr Lebewohl zu. Die

österreichische Brigade Gondrecourt wurde bei ihrer Durchfahrt durch Dresden herzlich begrüßt.

Da die sächsischen Truppen nicht an dem Kampfe gegen Dänemark teilnahmen, sondern während des Jahres 1864 in Holstein stehen blieben, unternahm das kronprinzliche Paar im August von Zürich aus eine kurze Schweizreise. Der Kronprinz ging, wie alljährlich, zu den Jagden nach Ischl und traf mit der Kronprinzeß Mitte Oktober zu mehrtägigem Besuche in Schönbrunn zusammen. Die Kronprinzessin hatte auf der Hinreise die Baronin Galen in Brünn besucht. Ende Dezember kehrten die sächsischen Truppen aus Holstein zurück. Bei Ankunft des ersten Eisenbahnzuges mit dem Stabe und 1. Bataillon der 1. Infanteriebrigade „Kronprinz" war die Kronprinzeß am 17. Dezember auf dem Bahnhofe.

Die Vermählung der jüngsten Tochter des Königs Johann mit dem Herzog Karl Theodor in Bayern fand in der Familienkapelle des Prinzenpalais am Taschenberg am 11. Februar 1865 statt. Das Volk nahm an diesem Ereignisse den lebhaftesten Anteil. Der frühe Tod der Prinzessinnen Marie (1857), Sidonie, Anna und Margarethe hatte in allen Kreisen das tiefste Mitgefühl erweckt, und sollte nun die letzte Tochter das elterliche Haus verlassen. Das in jenen Tagen veröffentlichte Gedicht: „Wenn einer hin das Letzte giebt" brachte die allgemeine Stimmung zum Ausdruck. Bei der Verbindung des Bruders waren die in ihrer ganzen Schönheit strahlende Kaiserin Elisabeth von Österreich, sowie deren jüngste Schwester Prinzessin Sophie, spätere Herzogin von Alençon, welche bei dem Pariser Bazarbrande 1897 ums Leben kam, zugegen. Das Königshaus hatte bald darauf die große Freude, daß am 25. Mai dem Prinzen Georg der erste Sohn geboren wurde.

Große Festtafel war in Pillnitz am 7. Juni zur Erinnerung an die vor 50 Jahren erfolgte Rückkehr des Königs Friedrich August aus der Gefangenschaft. König Johann brachte einen doppelten Trinkspruch aus. Der erste Trunk war der Erinnerung geweiht an Friedrich August den Gerechten und die Männer, die treu und fest zu ihm standen in den Tagen der Not. „Auf ihr Andenken!" Der zweite Trunk galt dem schönen Vaterlande und seinem ferneren Gedeihen, unerschütterlich begründet durch gegenseitige Liebe, Treue und Vertrauen zwischen Fürst und Volk. „Das teure Vaterland, es lebe hoch!" Es lag bereits in der Luft, daß ernste Zeiten bevorstanden.

Die kronprinzlichen Herrschaften reisten Mitte Juli nach Tirol. Das Ziel war Tarasp. Die Kronprinzeß gebrauchte dort im Anschlusse an die Reise eine Kur. Der Weg führte über München, mit Nachtquartier bei Herzog Max, Possenhofen, wo die vom Kronprinzen hochverehrte Tante Herzogin Ludovica in Bayern residierte, Partenkirchen, Innsbruck und Bozen. Auf der Eibsee Insel interessierte sich die Kronprinzeß sehr für die Flora. Das Alpenland Tirol mit seinen wasserreichen Flüssen, tiefblauen Seen, tosenden Wasserstürzen, himmelanstrebenden Eis-zinnen, schroffen Felswänden, engen Schluchten, seinen blumen-bedeckten Matten und fruchtbaren Auen erfrischte den Geist, erfreute das Herz und erhob das Gemüt. Der Genuß ganz entgegengesetzter Vegetationsbilder zwischen den Gipfeln des Hochgebirges und der Thalsohle, zwischen dem pflanzenarmen, rauhen Nord des Gebirges und dem warmen Süd des

Gebietes der Rebe, der Feige und der Olive erfreute die Reisenden.

Von Innsbruck wurde ein sehr gelungener Ausflug am 24. und 25. Juli unternommen. Man fuhr mit der Bahn nach Jenbach und von da zu Wagen nach Zell. Der Weg führte in dem durch seine Sänger berühmten Zillerthale hin. Um zu frühstücken, wurde in einem Gasthause an der Heerstraße bei sehr freundlichen Wirtsleuten gerastet und diesen versprochen, auf dem Rückwege wieder einzukehren. Dort fand dann ein Konzert eingeborener Sänger und Sängerinnen statt. Der Wirt selbst hatte mit seiner Familie fast ganz Europa singend und zitherspielend durchzogen. Zum Anschluß an die Bahn in Jenbach war es zu spät geworden, und es mußte die Frage erwogen werden, ob und wie in Jenbach unterzukommen sei. Der Kutscher wurde gefragt, ob er ein Gasthaus empfehlen könne, und er nannte das am Bahnhofe. Nun hatte aber die Kronprinzeß erfahren, daß der Hausderer selbst ein Gasthaus besitze. Gefragt, warum er nicht sein eigenes Haus empfehle, antwortete er, daß es sich nicht für so hohe Herrschaften eigne. Dies genügte, die Kronprinzeß zu bestimmen, gerade in diesem Hause zu übernachten. An einem einladenden Gasthause vorüber wurde in die engen Straßen des Städtchens eingebogen und an einem alten, unscheinbaren Hause Halt gemacht. Es erschien die Frau des Kutschers und führte die Herrschaften an einer Reihe Mehlsäcke vorüber, eine finstere Holztreppe hinauf in ein kleines, einfenstriges Zimmer und aus diesem in ein größeres. Das letztere bezog das kronprinzliche Paar, im ersteren schlief der die Herrschaften als Reisemarschall begleitende Adjutant. Ein Imbiß war unten in der Seiten stube des großen Gastzimmers angerichtet. Am andern Morgen erhielt der Reisebegleiter aus dem herrschaftlichen Zimmer die Fußbekleidungen zum Putzen herausgereicht, die er weiter- und wieder zurückbeförderte. Beim Verlassen des Hauses wurde ein namhaftes Geschenk für den bald zu erwartenden Sprößling der Wirtsleute zurückgelassen.

Die Kronprinzeß unternahm von Tarasp aus mehrere Ausflüge. Der Piz Ot (3249 m) wurde bestiegen. Von Samaden ging es auf ziemlich vernachlässigtem Wege an der St. Peterskirche vorüber im Zickzack hinauf, um den Piz Padella herum, an der Fontauna fraida vorbei, über glatte Granitplatten bis zum eigentlichen Felskegel des Berges. Ein gesprengter, treppenartiger Pfad führte auf den Gipfel. Die Kronprinzeß war beim Erreichen des Zieles erschöpft. Ein einfach hergerichtetes Lager, auf dem sie rasch einschlief, diente ihr zur Rast, und ihr Schlaf war so fest, daß der alte Führer sich über sie beugte, um am Atmen zu sehen, ob sie noch lebte; er hielt einen so ruhigen und langen Schlaf auf einem so unbequemen Lager für unmöglich. Beim Erwachen hatte die Prinzessin dann den vollen Genuß des großartigen Anblickes, namentlich der herrlichen Aussicht auf die Bernina Kette, auf eine doppelte und dreifache Reihe von Gletschern.

Die Kronprinzeß, Mitte September über Baden Baden zurückgekehrt, begleitete den Kronprinzen zu der Revue und den Manövern bei Mittweida.

In der Mitte dieses Jahrhunderts, in welche Zeit die vorstehend geschilderten Ereignisse fallen, waren die Verhältnisse in Sachsen wesentlich andere als in unseren Tagen. Das etwas über 2 Million Einwohner zählende Königreich bildete ein viel mehr in sich abgeschlossenes Gebiet als jetzt. Es fand zwar eine rasche Weiterentwickelung der Eisenbahnen in diesen Jahren statt, doch beherrschten Dampf und Elektrizität noch nicht die Welt. Der große soziale Kampf im Volke war noch nicht entbrannt; die Sachsen waren ruhig, zufrieden, wohlhabend und erfreuten sich des milden und gerechten Regiments ihres angestammten Fürstenhauses.

Dresdens Einwohnerzahl überschritt Ende der fünfziger Jahre das erste Hunderttausend, während sie sich jetzt dem vierten nähert. Die Stadt trug ein aristokratisches Gepräge, sie neigte mehr den idealen als den materiellen Interessen zu. Der Handel war gering, Industrie kaum vorhanden. Es herrschte kein Luxus in der Lebensführung. Das Gold hatte noch nicht die große Macht, welche es jetzt besitzt. Reichtum war nur an wenigen Stellen vorhanden, wohl aber herrschte eine weit verbreitete Behaglichkeit, ein einfacher Lebensgenuß. Herder hatte in seiner Adrastea mit Recht Dresden „Elbflorenz“ genannt mit den Worten: „Blühe, deutsches Florenz, mit deinen Schätzen der Kunstwelt.“ Natur und Kunst machten die Residenz zu einem der anziehendsten Wohnsitze. Die liebliche Gegend wuchs bis in die Stadt hinein; keine Fabrikesse ragte in den freundlichen Vorstädten empor, die geschlossenen Häuserreihen kletterten noch nicht an den die Stadt umkränzenden Höhenzügen hinauf. Der Spaziergänger war auf dem Lande, wenn er Blasewitz, Räcknitz, Plauen oder Neudorf erreicht hatte. Freundlich lachten dem Beschauer vom Balkon Dresdens, der Brühlschen Terrasse, aus gesehen, die blinkenden Villen und Winzerhäuser an den grünen, rebenbewachsenen Berglehnen des rauschenden Elbstromes entgegen, auf dem nur wenige Dampfschiffe, aber zahlreiche Segelschiffe wie weiße Schwäne dahinzogen. Die schöne Natur, herrliche Kunstsammlungen, ein vortreffliches Theater, biedere und artige Bewohner waren die überall anerkannten, viele Fremde anziehenden Vorzüge der sächsischen Hauptstadt.

Der Hof bildete den Mittelpunkt Dresdens. Das Leben an demselben war ein sehr geregeltes. An bestimmten Tagen wurde das Hoflager Anfang Mai nach Pillnitz und um Michaelis wieder zur Stadt verlegt. Kurze Aufenthalte führten den König Johann nach Weesenstein oder Jahnishausen. Letzteres liebte er besonders und lebte dort wie ein einfacher Landedelmann. Die verwitwete Königin Marie verbrachte den Sommer auf dem Weinberge zu Wachwitz. Die Schwester des Königs, die poetische Prinzeß Amalie, und die Tochter Friedrich August des Gerechten, die ehrwürdige Prinzessin Auguste († 80 ¹/₂ Jahr alt 1863), folgten dem Hofe nach Pillnitz. Prinz Georg schuf seiner Familie ein Heim auf dem Lande, in dem der königlichen Sommerresidenz benachbarten Hosterwitz.

Am Neujahrsfeste mittags fanden die Glückwunschkuren bei den Majestäten statt. Abends 8 Uhr war Assemblée in den Paradesälen des Schlosses, wobei die Prinzen und Prinzessinnen des Königlichen Hauses beim Kartenspiel eine Defilierkur entgegen= nahmen. Der Assemblée ging in einer Präsentationskur die Vorstellung zahlreich angemeldeter Damen und Herren voraus. Der Karneval brachte drei Hofbälle, wozu meist durch Ansage alle hoffähigen Personen aufgefordert wurden, und zwei Kammer= bälle, zu denen besondere Einladungen ergingen. Die Zahl der

Gäste bei den Hofbällen betrug 500 bis 800 Personen, die Kammerbälle vereinigten einen weit kleineren Kreis. Zu Fast= nacht schloß der letzte Hofball um Mitternacht mit einem Trom= petentusch. Die Saison wurde durch ein großes Hofkonzert am 2. Osterfeiertage geschlossen. Auch der kronprinzliche Hof gab jeden Winter einen oder zwei Bälle, wobei die hohen Herrschaften sich als gastfreie und aufmerksame Wirte bewiesen. Meist waren 300 Personen in das Palais am Taschenberg geladen und endeten die Feste erst nach 3 Uhr. Die Prinzen und Prin= zessinnen tanzten flott.

Nach Fastnacht veranstaltete die Kronprinzessin Abendgesell= schaften mit theatralischen Aufführungen, Charaden und lebenden Bildern. Sie hatte das Talent dazu von ihrer Großmutter Stephanie geerbt, und es machte ihr Freude, diese Überraschungen auszusinnen und aufführen zu lassen. Die Kronprinzeß hatte eine rege Teilnahme für alle wirklich fröhlichen Belustigungen, nur das oberflächliche Alltagstreiben der Gesellschaften war ihr zuwider. Die Soiréen waren immer sehr lustig, dauerten aber meist länger, als angesetzt war. Das führte unter anderem zu folgender charakteristischen Anekdote: Die Kronprinzeß hatte ein Reitpferd Cäsar, welches wegen überkommener Steifigkeit an einen Herrn des Hofes verkauft wurde. Die Wagen waren um 11 Uhr bestellt. Es war eine kalte Nacht und schneite. Die Kronprinzeß kommt beim Schlußcercle zu dem Eigentümer des Pferdes und fragt ihn: „Was macht Cäsar?" „Der friert seit 11 Uhr im Schloßhofe", war die Antwort und der Schluß des Cercles die unmittelbare Folge.

Die private Geselligkeit während des Winters war groß. Außer vielen sächsischen Familien war es das diplomatische Korps, welches die Gesellschaft, sowie zahlreiche anwesende Fremde bei sich versammelte. Der Minister der auswärtigen Angelegenheiten Freiherr von Beust repräsentierte, und der Hof nahm an seinen Festen teil. Bemerkenswert war in dem Ministerhotel auf der Seegasse der Bal costumé am 19. Februar 1857, wo ein Berg= aufzug, des Zaren Peter Rückkehr aus Zaandam und eine fran= zösische Gesandtschaft in Konstantinopel im 18. Jahrhundert zur Darstellung kamen. Bei dem bayerischen Ministerresidenten Frei= herrn von Gise, dessen Gattin, geborene Tacher de la Pagerie, viel mit der Kronprinzeß verkehrte, wurde mehrere Winter fran= zösisch Theater gespielt. Fürstin Pauline Metternich, die Frau des österreichischen Gesandten, that sich dabei durch ihr hoch entwickeltes schauspielerisches Talent hervor. Die Fürstin war in Dresden, wie auch später in Paris und Wien, die Königin der Mode. Auch der russische Gesandte, Fürst Wolkonski, war ein vollendeter Schauspieler.

Das Hoftheater hatte vorzügliche Leistungen in Oper und Schauspiel aufzuweisen. In der Oper begann das Verständnis für Richard Wagner zu wachsen. Der Altmeister Tichatschek und Schnorr von Carolsfeld waren ausgezeichnete Heldensänger, Mitterwurzer entzückte als Fliegender Holländer. Frau Bürde-Ney als Sopran und Frau Krebs Michalesi als Alt waren Künstlerinnen ersten Ranges. Im Schauspiel glänzten Emil Devrient, der ausgezeichnete Vertreter idealer Schauspielkunst, und Bogumil Dawison mit seiner schöpferischen Gestaltungskraft. Frau Bayer Bürck ent wickelte allen Zauber ihrer poetischen, echt weiblichen Innigkeit und vornehmen Anstand; und klassisch war die klare und schöne

Sprechweise von Fräulein Berg zu nennen. Auch Dettmer und Pauline Ullrich begannen ihre Künstlerlaufbahn, nicht zu vergessen den Liebling der Dresdner, den Komiker Räder. Reissiger und Krebs leiteten die Symphoniekonzerte der königlichen musikalischen Kapelle, in welcher auch die Kammermusik gepflegt wurde. Hier ragten Lauterbach als Meister der Violine und Grützmacher als Violoncellist hervor.

Mehrere Winter übte Renz mit seinem Zirkus, den er auf dem Jüdenteiche aufgeschlagen hatte, große Anziehungskraft. Die Pflege der edlen Reitkunst veranlaßte auch eine Vorstellung in der Reitbahn des Prinzen Georg am 13. März 1866. Der Kronprinz, Prinz und Prinzessin Georg nahmen daran teil.*) Die Quadrille hatte noch den weiteren Erfolg, daß sich einige Beteiligte mit ihren Reiterinnen verlobten.

Die Kunst wurde in der Akademie der bildenden Künste gepflegt, wo Schnorr von Carolsfeld, Rietschel und Hähnel wirkten. Die jährlichen Ausstellungen des Kunstvereins waren namentlich der Malerei gewidmet. Für die Kronprinzessin als Tierfreundin hatte der 1861 eröffnete Zoologische Garten Interesse; auch besuchte sie gern Lüdickes Wintergarten mit seinem Blumenflor im Vorfrühling und die Blumenausstellungen der Gartengesellschaft Flora, die sehr bescheiden im Doublettensaale der Brühlschen Terrasse ihren Anfang nahmen.

Die Mitglieder des Königshauses standen im lebhaftesten Verkehr untereinander. Wöchentlich mehrmals versammelte sich

---

*) Beteiligt waren: Kronprinz, Prinz und Prinzeß Georg, Frau von Wuthenau, Frl. von Zehmen, Frl. von Pojern, zwei Misses Peat, die Lieutenants von Wuthenau, von Ehrenstein, von Oppell und von der Planitz.

die königliche Familie abends oder mittags. In Pillnitz wurden nach der Tafel fast immer Ausflüge in die schöne Umgegend gemacht, öfters auch mit dem Dampfschiffe eine weitere Partie. Die Kronprinzessin war eine ausgezeichnete Schwiegertochter. In Dresden war sie täglich des Morgens, gewöhnlich von 12 bis 1 Uhr, meist mit einer Handarbeit beschäftigt, bei Königin Amalie. Viele Abende der Woche waren die kronprinzlichen Herrschaften bei ihren Eltern.

Oft war hoher fremder Besuch am sächsischen Hofe, teils um verwandtschaftliche Beziehungen zu pflegen, teils um dem überall verehrten König näher zu treten. Beim Kronprinzen kehrte alljährlich, zuweilen auch mehrmals, Prinz Wasa als Gast ein und fand im Hause seiner Tochter die freundlichste und rücksichtsvollste Aufnahme. Der Prinz interessierte sich für Politik und militärische Dinge. Er las viel Zeitungen und erzählte gern, namentlich von seinen zahlreichen Reisen und von fürstlichen Persönlichkeiten, welche er kannte. Prinz Wasa war sehr leutselig, redete gern die Leute auf der Straße an und fragte sie nach ihren persönlichen Verhältnissen und Angelegenheiten.

Das Leben im kronprinzlichen Hause wurde auch für die Umgebung durch die Ungezwungenheit und den wahrhaft freundschaftlichen Ton im Verkehr ein genußreiches. Die Hauptmahlzeit fand im Winter um 4 oder 5 Uhr, im Sommer um 3 Uhr statt. Den Vormittag verbrachten die Herrschaften allein, auch meist die Abende, wenn nicht häufig Theaterbesuch und Geselligkeit die Tagesordnung änderten. Im Anfang der sechziger Jahre hatten die Herrschaften viel Verkehr mit dem Erbprinzen Max und der Erbprinzeß Helene von Thurn und Taxis, welche das

Elysium, nahe dem Waldschlößchen, bewohnten. Im Winter sah man sich oft auf dem Palaisteiche des Großen Gartens, wo die Prinzen Schlittschuh liefen, während sich die Prinzessinnen von bekannten Herren Stuhlschlitten fahren ließen.

Nach dem Ankauf von Strehlen wurde dieses von April bis November der bevorzugte Wohnsitz. Die Kronprinzessin verstand es, das bescheidene Haus aufs wohnlichste einzurichten. Der Sinn für Schönheit und Bequemlichkeit reichten sich die Hand. Durch Ankauf einer Bäckerei wurde das Grundstück vergrößert. Es wurden Stallgebäude errichtet, in der Bäckerei selbst Wohnungen für den dienstthuenden Adjutanten und eine Hofdame eingerichtet, alles in bescheidener Weise. Im niedrigen Parterre befand sich eine Fremdenwohnung, welche Prinz Wasa bezog, wenn er in Strehlen weilte, und die Wache. Die Anlagen zwischen Villa und Bäckerei befanden sich in ihren Anfängen. Sie waren mit viel Geschmack angelegt und die eigenste Schöpfung der Kronprinzeß. Die Herrschaften lebten hier ganz wie Privatleute, erfreuten sich an ihrem Eigentume, am Wachsen ihrer Anpflanzungen und an den Enten, welche den Teich bevölkerten. Nach dem Diner wurde meist stundenlang in fröhlichster Stimmung Luftkegel gespielt. Die Zigarre trug zur Gemütlichkeit bei. Am Kegelspiele nahm der ganze anwesende Dienst teil. An die Stelle des Kegelspiels trat später das Croquet, welches mit größtem Eifer, selbst unter dem Scheine von Laternenlicht, betrieben wurde und zuweilen mit einer beinahe gereizten Stimmung der Parteien endete, welcher Umstand eine unangenehme Beigabe dieses sonst so anregenden Spieles bildet.

Von den Ärzten war der Kronprinzessin das Reiten

empfohlen worden. Ihre Anlage dazu war nur gering, doch versuchte sie es immer wieder mit der ihr eigenen Energie, bis ihre große Kurzsichtigkeit sie veranlaßte, ganz davon abzusehen. Frau von Werthern war 1858 von ihrer Stellung zurückgetreten. Die Kronprinzeß nahm keine neue Oberhofmeisterin in ihren Dienst, sondern eine zweite Hofdame, die von ganzem Herzen ihrer Fürstin zugethane und ergebene Fräulein Marie von Minckwitz. Als Gräfin Schall sich 1865 verheiratete, trat Gräfin Irma Wallwitz an ihre Stelle, mit angenehmem Wesen, mit richtigem Takte und guten Formen, aber für den Hofdienst etwas zu zarter Gesundheit.

Pflichten der Repräsentation, sein militärischer Beruf, dem er sich mit größter Hingebung widmete, und die Liebe zum edlen Weidwerk bewirkten, daß der Kronprinz öfter abwesend war. Die Kronprinzeß verstand ihre Zeit aber auch allein nützlich zu verwenden. Durch völlige Beherrschung der französischen und englischen Sprache war ihr die Litteratur beider Völker neben der deutschen zugänglich. Einige Morgen- und Abendstunden waren der ausgebreiteten Korrespondenz und der Lektüre gewidmet. Alles künstlerische Streben wurde unterstützt, das aufblühende Kunstgewerbe gefördert. Die Kronprinzeß besuchte öfter, entweder allein oder mit dem Kronprinzen zusammen, die Königliche Kupferstichsammlung und die Privatsammlung der Sekundogenitur unter Führung des Professors Gruner, hörte auch Vorträge über Kunstgeschichte bei Professor Hettner. Von den Künsten bevorzugte die Kronprinzessin die Malerei, nahm Stunden bei Professor Kummer und entwickelte neben der Blumenmalerei das Talent, Landschaften charakteristisch und rasch zu skizzieren. Klavierlehrer Krägen, ein Original, hatte der Kronprinzessin Unterricht erteilt. Als sie den Entschluß faßte, dem Klavier zu entsagen und ihre Zeit nur der Malerei zu widmen, fürchtete sie sich, es ihrem Lehrer mitzuteilen, war aber bald beruhigt, da dieser ihr, als es zögernd geschah, erwiderte: „Ja, da kann ich Ihnen nur selbst dazu raten." So spielte die Kron= prinzessin nur wenig Klavier; da aber der Kronprinz Liebe und hohes Verständnis für Musik hatte, wurde diese edle Kunst auch in seinem Hause gepflegt. Es fanden musikalische Abende statt. Der Kronprinz spielte Klavier und ließ sich vom Konzertmeister Schubert auf der Violine begleiten. Haydns Kindersymphonie wurde vor geladenen Gästen aufgeführt.

Die Kronprinzeß war unermüdlich in der Anfertigung von Handarbeiten, welche zum großen Teile den Armen zu gute kamen; es erfreute sie, geschmackvolle Muster auszusuchen oder zusammen= zustellen. Nichts nahm die hohe Frau so in Anspruch wie das Bestreben, Gutes zu thun, Armen und Kranken zu helfen. Ein= mal unterstützte Arme verlor sie nicht wieder aus den Augen. Geben war ihre größte Freude.

— —

Der deutsche Krieg.

Der politische Horizont hatte sich in Deutschland mehr und mehr umwölkt. Ewigen Sonnenschein und eine fortgesetzte Fülle des Glückes giebt es nicht in dieser Welt. In den ersten Zeiten der Jugend war alles schön, sorglos und liebenswert gewesen. Es kamen jetzt prüfungsreiche Tage, welche Gottvertrauen und Pflichttreue erforderten.

Der Krieg zwischen Preußen und Österreich wurde 1866 unvermeidlich. Im Frühjahre begannen beide Staaten auf den Krieg hinzielende Vorbereitungen zu treffen. Sachsen lag zwischen den beiden in Zerwürfnis geratenen Großmächten und konnte hiervon nicht unberührt bleiben. Es stand zwar fest auf dem Boden der Bundesverfassung, doch wenn ein friedlicher Ausgleich nicht möglich wurde, mußte es unter allen Umständen gerüstet sein, auch um seinen Verpflichtungen gegen den Bund genügen zu können. Als es sich herausstellte, daß ein preußisch=italienisches Bündnis bestand und sowohl Preußen als Österreich ihre gesamten Streitkräfte aufboten, erfolgte Ende Mai die Mobilmachung der sächsischen Armee. Aufgeregte und unruhige Zeiten kamen. Der Kronprinz hatte am 19. Mai den Oberbefehl über das Armee= korps übernommen. In den schönen Frühlingstagen des Mai zogen sich die sächsischen Truppen bei Dresden zusammen. Die Hoffnung auf eine friedliche Gestaltung der Dinge schwand mehr und mehr. Als Preußens Forderungen vom Bundestage zu Frankfurt zurückgewiesen wurden, erklärte es den deutschen Bund als aufgelöst. Sachsen verweigerte hierauf den Beitritt zu einem neu zu schließenden Bündnis unter preußischer Führung und erklärte sein Festhalten an den Grundsätzen des alten Bundes. Dies veranlaßte Preußen, am 15. Juni an Sachsen den Krieg zu erklären. Schon vorher war sächsischerseits beschlossen worden, in diesem Falle das Armeekorps zum Anschlusse an die öster reichische Nordarmee nach Böhmen zu führen, da der Versuch, Sachsen zu verteidigen, das Land unnütz den Unbilden des Krieges ausgesetzt hätte, ohne einen Erfolg zu versprechen. Es war ein schwerer Entschluß, und die Worte, mit denen König Johann, der zunächst bei seinen treuen Truppen blieb, die sächsische Grenze überschritt: „Nun denn, in Gottes Namen!" kamen aus keinem leichten Herzen.

Die Kronprinzeß hat in diesen erregten Tagen die Mühen und Sorgen des Königshauses redlich geteilt. Das Gefühl ge= treulich erfüllter Pflicht, der Glaube daran, daß alles in Gottes Hand stehe, waren ihr ein Trost, ebenso wie die treue Haltung der Armee und des Volkes.

Ein Extrazug führte die königliche Familie, Königin Amalie, die Kronprinzeß und Prinzessin Georg mit ihren Kindern am 15. Juni abends nach Prag. Königin Marie und Prinzessin Amalie blieben in Dresden. Die regierende Königin kam aus Pillnitz und fuhr mittels Dampfbootes nach Bodenbach. Im Gefolge der Kronprinzeß befanden sich Hofmarschall von Bezschwitz und Fräulein von Minckwitz. Erzherzog Ludwig Victor empfing in Prag die erlauchten Verwandten des Kaiserhauses. Am Bahnhofe hatten sich Tausende versammelt und begrüßten die hohen Reisenden auf das ehrerbietigste. Vor dem Absteige= quartier, dem Hotel zum goldenen Engel, in dessen Hausflur ein Ehrenposten aufgestellt war, standen bis spät in die Nacht zahlreiche Menschengruppen.

Das sächsische Armeekorps überschritt das Erzgebirge, und der Kronprinz nahm am 20. Juni in Lobositz Quartier. Da dieser Ort von Prag leicht zu erreichen war, brachte die Kron= prinzeß den 21. bei ihrem Gemahl zu. Noch am Abend desselben Tages war an diesen die Bitte des Generals Grafen Clam= Gallas, welcher die vorgeschobenen österreichischen Truppen in Böhmen kommandierte, um eine Zusammenkunft in Prag er=

gangen. Der Kronprinz kam am 22. Juni der Aufforderung nach und konnte infolgedessen noch einige Stunden bei den Seinen zubringen. Die sächsischen Depot-Truppen hatten ihren Rückzug über Prag genommen. Am 23. Juni besuchten Königin, Kronprinzeß und Prinzessin Georg das Garnisonhospital am Karlsplatz, wo eine Anzahl kranke sächsische Soldaten untergebracht waren.

Die Physiognomie Prags war eine sehr bewegte. Mit fieberhafter Spannung harrte alles auf Nachrichten. Als der Kriegsschauplatz immer näher rückte, wurde die Übersiedelung der sächsischen Herrschaften nach Regensburg beschlossen. Dort hatte König Ludwig die am Ostenthore, auf einer alten Bastei, am unteren Ende der Stadt gelegene königliche Villa als Wohnung zur Verfügung gestellt. Das peinliche Warten auf Nachrichten begann. Erst kamen die Siegesnachrichten aus Italien, denen die schlimmen Botschaften von den böhmischen Schlachtfeldern folgten. Eine höhere Vorsehung hatte gewollt, daß die Würfel des Schlachtenglückes zu Gunsten des Gegners fielen. Aus unheilvollen Verhältnissen, unter denen die Sachsen Gefahren, Anstrengungen und Entbehrungen redlich mit ihren österreichischen Waffenbrüdern teilten, gingen sie mit unverletzter kriegerischer Ehre, mit dem Ruhme der Tapferkeit, der Ausdauer und der unerschütterlichen Pflichttreue hervor. Der Gedanke, daß alles in Gottes Hand stehe, tröstete die Kronprinzeß, welche bei allem Kummer doch stolz auf die von allen Seiten anerkannte ausgezeichnete Führung des Armeekorps durch den Kronprinzen, auf den in heißen Kämpfen unerschütterten Geist seiner Sachsen war. Auf dem Rückzuge an die Donau traf der Kronprinz am

15. Juli bei Wien ein und nahm sein Hauptquartier am 20. in dem kaiserlichen Schlosse Hetzendorf bei Schönbrunn. Je un= gewisser die Verhältnisse waren, je mehr Unglück drohte, desto mehr wünschte die Kronprinzeß an der Seite des Kronprinzen zu sein. Sie wollte ihm nicht nur in den guten, sondern auch in den schlimmen Tagen in Liebe und Treue zur Seite stehen. Sie kam von Regensburg am 23. Juli auf einige Tage nach Hetzendorf, reiste dann auf kurze Zeit wieder dahin zurück und besuchte ihre Schwägerin Sophie in Possenhofen; das letzte Zu= sammensein in diesem Leben.

Der Abschluß eines Waffenstillstandes zwischen den beiden kriegführenden Heeren war am 22. Juli erfolgt. Weitere Ver= handlungen zwischen Preußen und Österreich führten am 26. zu Nikolsburg zur Verabredung von Präliminarien, denen am 23. August in Prag die Unterzeichnung des Friedensvertrages zwischen beiden Mächten folgte. Der Abschluß des Friedens zwischen Preußen und Sachsen verzögerte sich aber noch bis Ende Oktober, und so wurde König Johann veranlaßt, mit seiner Armee noch längere Zeit in Österreich zu verweilen, dessen Be= völkerung in herzlicher und gastfreier Aufnahme das ungewisse Schicksal ihrer Gäste nach Kräften zu erleichtern trachtete.

Die Königin und die Familie des Prinzen Georg trafen am 4. August im Penzinger Bahnhofe aus Regensburg ein, empfangen von Kaiser, König, Kronprinz und Prinz Georg. Die gegenseitige Begrüßung war sehr herzlich. In Schön= brunn wurden die Angekommenen von den Erzherzoginnen Eli= sabeth und Maria Annunziata bewillkommnet. König Johann hatte im Stöckl bleibenden Aufenthalt genommen, der Kronprinz

6*

wohnte im Hetzendorfer, Prinz Georg im Laxenburger Schlosse.
Dort wurden auch die verschiedenen Hofhaltungen aufgeschlagen.
Die Kronprinzessin kam am 5. August allein aus München
in Wien an und fuhr mit dem Kronprinzen sofort zur Be=
grüßung des Königspaares nach dem Stöckl. Im Jahre 1833
dort geboren, sah sie es nach 33 Jahren, gerade an ihrem
Geburtstage, unter so eigenartigen Verhältnissen das erste Mal
wieder.

Nachdem die in der Umgegend Wiens versammelten kaiser=
lichen Truppen abgerückt waren, bezog das sächsische Armeekorps
erweiterte Quartiere, die nördlich bis Wien, südlich bis in die
Höhe von Vöslau reichten, westlich von der Wien=Brucker Straße,
östlich vom Wiener Walde begrenzt wurden. Die Truppen
konnten nur sehr gedrängt untergebracht werden, doch fand dieser
Übelstand in der Fürsorge der kaiserlichen Behörden, wie in der
gastlichen Aufnahme seitens der Bevölkerung seinen Ausgleich. Die
Sachsen waren populär. Der greise König, sowie auch der Kron=
prinz wurden überall, wo sie sich zeigten, mit Kundgebungen
begrüßt. Die Truppen fühlten sich so heimisch, als es unter
den obwaltenden Verhältnissen möglich war.

Die vom Kronprinzen bewohnte kaiserliche Sommerresidenz
Hetzendorf, an der Südbahn nahe Schönbrunn freundlich ge=
legen, war der Mittelpunkt des bewegten Lebens bei Wien,
welches sich für das Hauptquartier zu einem wahrhaft häuslichen
und gemütvollen Familienverhältnis gestaltete. Zum Frühstück
und zur Hauptmahlzeit war jeder höhere Offizier als Gast will=
kommen. Bald stellten sich aber auch Patrioten aus dem Heimat=
lande ein, welche ihre Treue versichern und Nachrichten über die

Aussichten für die Zukunft einholen wollten. Unaufhörliche Kundgebungen aus Sachsen zeugten von der Anhänglichkeit der Bevölkerung an ihr Herrscherhaus. So sandte der Pestalozziverein, der sächsische Lehrerbund am 22. September an die Kronprinzeß eine Adresse mit dem Bilde der Strehlener Villa. Auch der jetzige nächste Nachbar der königlichen Villa, Bandhändler Kunath, schickte der Kronprinzessin eine kleine Photographie derselben.

Während des Aufenthaltes bei Wien eröffnete sich die Kron= prinzeß ein weites Feld der Thätigkeit durch aufopfernde Für= sorge um das Wohl der Leidenden und unabläſſige Beteiligung an allen auf die Krankenpflege bezüglichen Einrichtungen. Vier Feldhospitäler hatten nicht nur für die Verwundeten, sondern auch für die zahlreichen infolge der Anstrengungen Erkrankten zu sorgen. Es wurden in ihnen über 5000 Mann behandelt. Ein Befehl des Kaisers hatte das Theresianum, eine kaiserliche Er= ziehungsanstalt, als Hospital für die Sachsen in Wien bestimmt. Ein ausgedehnter Garten mit Alleen und hohen Bäumen umgab die weiten Gebäude, welche drei große Höfe umschließen. Komman= dant des Hospitals war Hauptmann Dr. Naundorf, der später im Albertverein der Königin hervorragende Dienste leistete. In einem wunderschönen, mit prächtigem Laubwalde bestandenen Thale lag das in dem alten, dickmauerigen Stifte Heiligenkreuz bei Baden errichtete Hospital. Zwei weitere befanden sich bei Laxenburg, das eine in Guntramsdorf, das andere in einer neu= erbauten, noch nicht benutzten Spinnerei in Mitterndorf. Eine Anzahl sächsischer Offiziere lag im Hospital der Kaiserin zu Laxenburg. Ordnung und Sorgfalt umgaben die Kranken. Wärter der Sanitätskompagnieen und Diakonissen walteten mit

Hingebung und unermüdlichem Eifer. Auch aus der Heimat
fehlte es durch Sendung von Lazarettbedürfnissen und Geldern
nicht an Beweisen werkthätiger Teilnahme. Pfleger und Pfle=
gerinnen eilten herbei. Der Johanniterorden, der Central=Militär=
Hilfsverein, der Internationale Verein und zahlreiche Hilfsvereine
in Sachsen, sowie der „Wiener patriotische Verein für die Dauer
des Krieges" entwickelten eine umfassende Thätigkeit. Der Bürger=
meister von Wien sagte in einer Ansprache an König Johann:
„Wien kann in diesem ernsten Augenblicke seinen Dank gegen
Eure Majestät und Ihre tapfere Armee nur damit abtragen, daß
es die kranken und verwundeten Sachsen mit gleicher Liebe auf=
nimmt und pflegt, wie die eigenen Landeskinder."

Die Kronprinzeß begab sich täglich in die Hospitäler, oft
schon in früher Morgenstunde, um sich überraschend von ihrem
Zustande zu überzeugen. Sie trat an die Betten der Schwer=
kranken, um ihnen Hoffnung zuzusprechen. Sie besichtigte die
wirtschaftlichen Einrichtungen, nahm Wäschekammern, Vorratsräume
und Küchen in Augenschein, prüfte durch Kosten die Beschaffenheit
der Speisen. Es wurden Briefe für die Kranken geschrieben, belehrende
und unterhaltende Schriften, sowie Spiele verteilt. Der Gang
in das Hospital wurde für die Kronprinzeß ein Bedürfnis ihres
mitfühlenden Herzens, sie wurde darin heimisch. Im Theresianum
hatte die Kronprinzessin einen Verwundeten, der sehr an Heim=
weh litt, öfter damit getröstet, daß sie ihm versicherte, er werde
nun bald zurücktransportiert werden. Als dieser Fall nun wirk=
lich eintreten sollte und sie es ihm freudig mitteilte, sagte er:
„Ich glob's nich mehr."

Die Kronprinzeß kannte keine Furcht vor Ansteckung. Be=

sonders war es der Typhus, der schnell alle Besucher verscheuchte. War er aufgetreten, so kam niemand mehr nach den Verwundeten und Kranken zu fragen. Die Kronprinzeß kam; sie ging an keinem schnell vorüber, sie hatte für jeden und für alle Zeit. Viele Stunden verbrachte sie bei ihren Besuchen in den Hospitälern.

In den letzten Tagen des Monats August trat ein schlimmer Gast in die Reihen des Armeekorps, die Cholera; doch gelang es, die Zahl der Opfer, welche die Seuche in und bei Wien unter der Bevölkerung zahlreich forderte, auf 24 Sterbefälle zu beschränken. In dieser Zeit hatte die Kronprinzeß gewünscht, daß die dienst= thuende Hofdame ihr nicht in das Hospital hinein folge; als diese es doch versuchte, sagte sie: „Ich befehle Ihnen, mich nicht zu begleiten." Die hohe Frau setzte sich durch ihr Verhalten ein unvergängliches Denkmal der höchsten Verehrung im Herzen aller Angehörigen des Armeekorps.

Die Friedensverhandlungen zogen sich in die Länge. Als die rauhere Jahreszeit vor der Thür stand, wurden die Kantonne= ments der Truppen mehr ausgebreitet. Hetzendorf blieb nach wie vor des Kronprinzen Hauptquartier. Einer Aufforderung der Kaiserin folgend, reiste die Kronprinzeß Mitte August auf einige Tage zu derselben nach Buda=Pest, widmete ihre Für= sorge den dort liegenden sächsischen Verwundeten und besuchte auf der Rückreise ihre Jugendfreundin Gräfin Zichy, geb. Reichs= freiin von Vittinghoff=Schell, in St. Peter. Sie erfreute sich hier am Czardas=Tanz mit Zigeunermusik und erlebte es selbst, daß diese drei Stunden, ohne auszusetzen, spielte. Frau von Montbé, geb. von Nostitz=Jänckendorff, für welche die Kronprinzessin wahr= haft freundschaftliche Gesinnungen hegte, löste Fräulein von Minck witz ab; Gräfin Irma Wallwitz war bereits vorher zur Kronprinzeß berufen worden.

Nach mehrmonatlichen Verhandlungen erfolgte am 21. Oktober in Berlin der Abschluß des Friedens zwischen Preußen und Sachsen. Die Stunde der Heimkehr hatte geschlagen. Ende Oktober kehrten König und Königin nach Pillnitz zurück, wo auch Kronprinz und Kronprinzeß am 2. November eintrafen. Ein blutiger Krieg hatte in Deutschlands Fluren gewütet und das Königshaus zu monatelanger Trennung von der teuren Heimat genötigt. Zwar mit tiefem Kummer über die schweren Opfer, welche das Land hatte bringen müssen, kehrte es zurück, aber doch gestärkt in dem Bewußtsein, nur das Gute gewollt zu haben, gehoben durch die Überzeugung, daß Sachsens Ehre überall ungeschmälert geblieben war, und vor allem durch den Blick nach oben, von wo die rechte Hilfe niemals fehlt. Der Einzug in Dresden fand am 3. November statt. Das Königspaar fuhr im offenen Wagen, Kronprinz und Kronprinzeß folgten ihm unmittelbar. Die in reichem Festschmucke prangende Residenz bereitete den Zurückkehrenden einen begeisterten Empfang. Auf die Ansprache der Behörden antwortete König Johann: „Gerade zwanzig Wochen sind es heute, daß ich diese Stadt verließ. Seitdem sind schwere Prüfungen über mich ergangen. Das Band 'aber, das mich mit meinen lieben Sachsen verbindet, ist nicht nur unerschüttert geblieben, sondern durch die gegenseitig getragene Not ist es womöglich noch inniger geworden, und so sage ich mit dem alten, bewährten Spruche: Gott hat geholfen, Gott hilft noch, Gott wird weiter helfen." Auch hinter Kronprinzeß Carola lag eine prüfungsreiche, aber mit Ehren bestandene Zeit.

Kurze Ruhe.

Die deutsche Frage war mit Blut und Eisen gelöst worden; neue Formen und Einrichtungen traten an die Stelle der alten. Es wurde der Kronprinzeß nicht leicht, mit der alten Zeit zu brechen und sich mit der Neuzeit zu versöhnen. Es bedurfte dazu ihrer ganzen Einsicht, Wahrheitsliebe und Pflichttreue, des festen Entschlusses, den neu sich bildenden Verhältnissen mit frischem Mute, mit Offenheit und aller Redlichkeit entgegen= zukommen. Sie befolgte das Beispiel ihres königlichen Herrn, der seinen Sachsen vorbildlich zugerufen hatte: „Mit derselben Treue, wie zu dem alten Bunde, werde ich auch an der neuen Verbindung, in die ich jetzt getreten, halten und, soweit es in meinen Kräften steht, alles anwenden, um dieselbe, wie für unser engeres, so auch für unser weiteres Vaterland möglichst segens= reich werden zu lassen."

Zu dem sich anbahnenden guten Verhältnis trug nicht wenig das schonende und kluge Vorgehen Preußens bei. Als äußeres Zeichen, daß er gewillt sei, mit den aufrichtigsten Gesinnungen in die Bahn der neuen Verhältnisse einzutreten, war König Johann mit Kronprinz Albert Mitte Dezember 1866 nach Berlin gereist, um König Wilhelm einen Besuch abzustatten. Dieser wurde am 19. und 20. Februar 1867 durch eine Reise des Königs und des Kronprinzen von Preußen nach Dresden erwidert. Die milde und wohlwollende Weise des ehrwürdigen Königs Wilhelm verfehlte nicht, Ehrerbietung und Vertrauen zu erwecken. Die noch im Lande befindlichen preußischen Truppen wurden nach und nach zurückgezogen, aus Dresden Ende Mai.

Ein harter Schlag traf das Königshaus durch den am 9. März 1867 erfolgenden Tod der Herzogin Sophie in Bayern. Es war das sechste erwachsene Kind, welches König Johann verlor. Von sechs Töchtern blieb ihm nur eine. Tiefes Mitgefühl, aufrichtige Teilnahme des ganzen treuen Volkes suchten den gebeugten Eltern einigen Trost zu bieten. Die Prinzeß wurde in der herzoglichen Familiengruft zu Schloß Banz beigesetzt.

Es waren wieder ruhige Friedenszeiten gekommen. Die Pariser Weltausstellung von 1867 zog fort und fort wie ein riesenhafter Magnet die Völker der Erde von Nord und Süd, von Ost und West in ihre goldenen Netze. Auch das Kronprinzenpaar reiste Mitte Juni inkognito nach Paris. Es wurde am 20. Juni von Kaiser Napoleon und Kaiserin Eugenie empfangen. Die Kaiserin hielt die Kronprinzeß unter dem Zauber ihrer Worte, ihrer Schönheit und ihrer Krone. Täglich waren vier bis fünf Stunden der Besichtigung der Ausstellung gewidmet. Beispielsweise besuchten Kronprinz und Kronprinzeß am 22. Juni Britisch-Indien, frühstückten im amerikanischen Büffet, nahmen den Kaffee im ägyptischen Park und tranken später Thee im Palais des Bey von Tunis. Sie wohnten am 1. Juli der großartigen Feier der Preisverteilung im Industriepalaste unter der Zahl der übrigen sich in Paris aufhaltenden Fürstlichkeiten, wozu der Sultan gehörte, auf der kaiserlichen Tribüne bei und nahmen an dem darauf folgenden feierlichen Umgange teil, die Kronprinzeß am Arme des Prinzen von Wales. Voller Bewunderung über die Großartigkeit der Ausstellung mit ihren 45,000 Ausstellern, auf der auch Sachsen einen sehr ehrenvollen Platz

einnahm, kehrten die Herrschaften am 9. Juli wieder nach Streh
len zurück.

Der Reise in das Ausland war die Eröffnung der Industrie=
ausstellung in Chemnitz (17. Mai) vorangegangen; es folgte ihr
(3. August) die Enthüllung des Denkmals König Friedrich
August II. auf dem Dresdner Neumarkte. Während im Oktober
der Kronprinz wie alljährlich bei Ischl jagte, verweilte die Kron=
prinzeß bei ihren Verwandten in Sigmaringen und auf der
Weinburg.

Nach dem Kriege von 1866 lief durch fast alle Kulturstaaten
eine Bewegung, welche unter dem Zeichen des roten Kreuzes be=
müht war, den Satzungen der Genfer Konvention eine greifbarere
Gestaltung zu geben. Die Kronprinzeß, welche mit inniger Teil=
nahme für das Wohl der verwundeten Krieger Sorge getragen
hatte, schloß sich an erster Stelle dieser Bewegung an, indem sie
den Albertverein ins Leben rief. Sie gab dem jungen Vereine
den gefeierten Namen ihres hohen Gemahls und trat als Prä=
sidentin an die Spitze desselben. Der Verein sollte den Frauen
des Landes Gelegenheit bieten, sich selbständig zusammenzuschließen,
um für die Zeiten des Krieges und allgemeiner Notstände bereit
zu sein, zu lindern und zu helfen, eine jede in ihrem Kreise und
nach ihren Kräften; hauptsächlich sollte aber zunächst der Zweck
verfolgt werden, Krankenpflegerinnen für den Dienst im Felde
auszubilden und zu schulen. Der Verein wurde am 14. Sep=
tember 1867 gegründet. Durch die Frauenwelt Sachsens gefördert,
wuchs aus dem kleinen Reis ein schon in seiner Friedens=
thätigkeit das ganze Land beschattender, segenspendender Baum.
Der Verein verfügt jetzt über einen nach Millionen zählenden

Besitz und über mehr als 200 Krankenpflegerinnen, die Albertine=
rinnen, welche im Mutterhause, dem Carolahause, auf Stationen
und in Gemeindekrankenhäusern thätig sind. Der Verein hatte
anfangs manchen harten Kampf gegen Gleichgültigkeit und Thaten=
losigkeit zu bestehen, er ging daraus siegreich hervor. Bis 1870
wurden eine Poliklinik und ein Asyl des Albertvereins begründet,
Albertinerinnen erhielten in passenden Lehrstätten ihre Aus=
bildung; die Einrichtung von Krankenstationen in Gegenden, wo
Heil= und Pflegeanstalten für Kranke der ärmeren Klassen fehlten,
begann, und die Armenkrankenpflege wurde als hervorragender
Teil zur Friedensthätigkeit herangezogen; denn Armut ist schlimm,
schlimmer noch, wenn sich zu ihr Krankheit gesellt. An vielen
Orten entstanden Zweigvereine. Im Jahre 1868 wurde zum
Besten des Vereins das erste Mal ein Gartenfest im Großen
Garten veranstaltet. Diese Feste wiederholten sich mit wenig
Ausnahmen alljährlich und gestalteten sich zu wahrhaft frohen
und volkstümlichen Tagen.

Alles geschah unter unmittelbarer Oberleitung der Kron=
prinzessin. Bewundernswürdig sind der hohe Grad ihrer persön=
lichen Hingabe, ihrer Liebe und Leutseligkeit und das richtige
Urteil und Verständnis für die ihr sonst so fernliegenden Ver=
hältnisse der ärmeren Bevölkerung. Es genügte ihr nicht, sich
über die vom Albertverein versorgten Kranken Bericht erstatten
zu lassen, sie überzeugte sich persönlich über den Zustand und
die Bedürfnisse der Armen und über die ihnen durch Albertine=
rinnen geleistete Hilfe und Pflege. Keine Treppe war ihr zu
hoch, kein Haus zu gering, um die Kranken selbst aufzusuchen,
auch fürchtete sie keine Ansteckung. So besuchte sie an einem

Morgen einen schwer typhuskranken Knaben in einer elenden
luft und lichtlosen Hofwohnung eines Hauses der Kanalgasse
und darauf noch zwei andere vier Treppen hoch wohnende Typhus
kranke in der Stadt. Meist blieb sie unerkannt. Überall spendete
sie Trost und Hilfe, war wie ein Sonnenstrahl in dunkler
Kammer. Sie wies auch die Leute hin zu ihren Seelsorgern,
und mancher hat auf ihre Veranlassung sich noch zu rechter Zeit
den letzten Trost und Beistand im heiligen Abendmahle reichen
lassen. Oft sah man Frauen aus dem Zimmer der Kronprinzeß
treten mit deren eigenem Frühstück im wohlgefüllten Korbe und
einem duftenden Blumenstrauß für den Kranken daheim. Vor
einer längeren oder kürzeren Abwesenheit ordnete sie an, daß
Blumen und Früchte des Strehlener Gartens einzelnen Kranken
und den Krankenanstalten der Stadt überbracht werden sollten.
So mußte auch der Ertrag ihres Hühnerhofes denselben Zwecken
dienen. Oft standen große Körbe voll Eier in ihrem Toiletten
zimmer; die Verteilung bestimmte sie selbst.

Hofmarschall von Zezschwitz nahm den Abschied. An seine
Stelle trat als Chef der Hofhaltung der Rittmeister und persön=
liche Adjutant des Kronprinzen Clemens Senfft von Pilsach am
1. Januar 1868. Bald darauf zum Hofmarschall ernannt, war
er zugleich diensttuender Kammerherr der Kronprinzeß. Von
elegantem Äußeren, hatte er einen liebenswürdigen Charakter,
ein freundliches und anspruchsloses Wesen und verfügte über
einen unerschöpflichen Vorrat von guter Laune. Fräulein von
Minckwitz trat 1869 in Wartegeld und erbat Anfang 1870 den
Abschied, um ihre bejahrte und leidende Mutter pflegen zu können.
Die verwitwete Gräfin Helene von Wallwitz, geb. Edle von der

Planitz, wurde, nachdem sie einige Zeit bei der Kronprinzeß Dienst gethan, am 1. Dezember 1869 Oberhofmeisterin. Viele sind etwas durch ihre Stellung, aber nur wenige durch den Wert ihrer Persönlichkeit. Zu den letzteren gehörte Gräfin Wallwitz. Sie war unabhängig und wahr, von leutseligem Wesen und gleichmäßig heiterer Stimmung, voller Verstand und zuvorkommend gegen jedermann. Fräulein Helene von Tschirschky-Bögendorff wurde am 1. April 1870 Hofdame der Kronprinzeß. Durch ihre Schönheit, durch ihr frisches, munteres und bescheidenes Wesen wurde sie der Liebling des Hofes.

Die Beziehungen zwischen dem Dresdener und Berliner Hofe gestalteten sich immer freundschaftlicher. Zum Geburtstage des Königs Wilhelm reisten Kronprinz und Kronprinzeß im März 1868 nach Berlin. Der ihnen bereitete Empfang war ein sehr herzlicher. Königin Augusta und Kronprinz Friedrich waren am Bahnhofe und geleiteten die hohen Gäste nach ihren Gemächern im Schlosse. Viele deutsche Fürstlichkeiten waren in der preußischen Hauptstadt anwesend. Die Kronprinzeß fand sich mit seinem Takte in den für sie nicht leichten Verhältnissen zurecht und gewann Aller Zuneigung, ein neuer Beweis für den großen Zauber, den ihre Güte und Anmut überall ausübte. Am 22. März nachmittags fand im kronprinzlichen Palais die Taufe des kleinen Prinzen Waldemar statt; Sachsens Kronprinz und Kronprinzeß waren Taufzeugen. Der Kronprinz und die Kronprinzessin von Preußen erwiderten Anfang Oktober den Besuch in Dresden; ihre Anwesenheit bot Gelegenheit zu Ausflügen nach Meißen und Moritzburg. Königin Augusta war im April 1869 einige Tage am sächsischen Hofe. Sie war eine treue Freundin unseres Königshauses, vertrat seine Interessen und trug in jener Zeit viel zur völligen Aussöhnung bei.

In den Jahren zwischen den beiden Kriegen war die Thätig= keit des Kronprinzen ganz von der Fürsorge für die zu reorgani sierende Armee in Anspruch genommen. Dieser Zeit wurde da= durch gewissermaßen ein militärischer Stempel aufgedrückt. König Wilhelm traf mit Prinz Albrecht von Preußen Anfang September 1868 in Dresden ein und wohnte dem dort stattfindenden Manöver bei. Am 9. September reiste er von Moritzburg, wo die königliche Tafel stattfand, an der auch die Kronprinzeß teilnahm, wieder ab. Die Kronprinzeß besuchte 1869 die Truppen übungen bei Leipzig und Bautzen. Eine Übungsreise hatte den preußischen großen Generalstab Mitte August 1869 nach Dresden geführt; hierbei knüpfte sich das Band gegenseitiger Ver ehrung zwischen dem Kronprinzen und General von Moltke. Der greise Feldherr gewann sich auch die Wertschätzung der Kronprinzeß.

Im November 1869 reiste die Kronprinzessin zu ihrer Tante, der Herzogin von Hamilton, nach Baden-Baden, wo auch deren Tochter mit ihrem Gemahl, dem jugendlichen Erbprinzen von Monaco, weilte. Die Herzogin bewohnte das Palais der Großherzogin Stephanie. Diese hatte eine seltene Begabung für theatralische Vorstellungen gehabt, und der Tradition getreu wurden einige französische Lustspiele aufgeführt. Ein klein wenig Geisterspuk wurde auch getrieben, es kam aber bei dem Tischrücken nicht viel heraus. Mit Aufmerksamkeit verfolgte diese spiritistischen Experi mente eine berühmte Frau, Mrs. Augustus Craven, die Ver= fasserin der damals viel gelesenen und bewunderten „Récits d'une soeur" und verschiedener anderer Romane. Sie kam aus Neapel und blieb mit ihrem Gatten längere Zeit Gast der Herzogin. Die Kronprinzeß freute sich der interessanten Begegnung. Die Heimreise erfolgte über Düsseldorf, um dort die Fürstlich Hohen= zollernsche Familie zu sehen.

Sachsen blühte unter den herrschenden friedlichen Verhält= nissen. Seine Bevölkerung stieg auf $2^1{}_2$ Millionen Einwohner, die Gartenstadt Dresden zählte deren 1869 über 150,000. Die Hauptstadt erlitt einen schmerzlichen Verlust dadurch, daß am 21. September 1869 das von Semper 1837 bis 1847 erbaute schöne Hoftheater abbrannte. An seine Stelle trat als Interimstheater ein provisorischer Rundbau in den Zwinger= anlagen.

Die erste Hälfte des großen Jahres 1870 verfloß in fried= licher Ruhe. Die Kronprinzeß besuchte Marienbad und reiste im Anfang des Juli mit dem Kronprinzen zu den Passionsspielen in Ober=Ammergau. In dem lieblichen Alpendorfe fanden die aller zehn Jahre wiederholten Aufführungen der Leidensgeschichte Christi statt. Auf der Volks= und Festbühne des Dorfes, in= mitten der Alpennatur, wirkten über 500 Darsteller, alle der Gemeinde angehörig; die schlichte Kraft der Hauptgestalten, die wirksame Vorführung von Aufzügen und Volksscenen, namentlich beim Einzuge Jesu, bei der Kreuztragung und der Kreuzigung machten einen bedeutenden Eindruck auf die Kron= prinzeß.

Der deutsch-französische Krieg.

Während des tiefen Friedens im Sommer des Jahres 1870, der über ganz Europa ausgebreitet war, erhob sich plötzlich ein Streit, der binnen kurzer Zeit zwei große Völker zu einem Kriege von unerhörten Opfern und beispiellosen Ergebnissen entflammte. Deutschland nahm die Herausforderung Frankreichs an. Es war dem Entscheidungskampfe gewachsen. Der Bundesfeldherr König Wilhelm rief das deutsche Volk unter die Waffen. Kronprinz Albert erhielt am 16. Juli früh den Befehl zur allgemeinen Mobilmachung in seinem Lieblingsaufenthalte Strehlen. Diese Bienenarbeit begann sofort. Sie verlief ohne Störung, und es folgte ihr der Transport der Truppen nach dem Rhein auf den Kriegs- schauplatz. Der Kronprinz verließ am 29. Juli nachmittags die Heimat. Auf dem Bahnhofe nahmen König Johann und die Kronprinzessin von ihm Abschied.

Es kamen wieder Zeiten größter Spannung bis zum Eintreffen der Siegesnachrichten. Die drei Hauptmarksteine auf dem deutschen Siegeszuge, Metz, Sedan, Paris, wurden ebensoviele Ehrendenk- mäler für den Feldherrngenius des Kronprinzen. Bei St. Privat entschied er die Schlacht, Beaumont war seine eigenste That. Die Sachsen danken ihm den hervorragenden Anteil, den sie an den Kämpfen genommen. Da erfüllte wohl gerechter Stolz das Herz der Kronprinzessin, aber sie versagte dabei nicht dem Unter- liegenden ihre aufrichtige Teilnahme; denn sie kannte wohl die Schwächen des französischen Volkes, achtete aber auch seine vielen großen Eigenschaften.

Am Morgen des 3. September traf die Siegesnachricht von

Sedan in Dresden ein. Die Residenz kleidete sich in ein prangendes Festgewand. Die Freude über die errungenen großen Erfolge der deutschen Waffen spiegelte sich auf den Gesichtern der Volksmenge, welche in wachsender Zahl vom Morgen bis zum Abend, wo ein Gewitter über der Stadt losbrach, frohbewegt die Straßen be lebte. Als es dunkelte, wurden auf den Hauptplätzen, wie bei feierlichen Gelegenheiten üblich, die Gaskandelaber angezündet, auch waren einige Häuser beleuchtet. Eine große Illumination fand am 4. September statt.

Voll festen Gottvertrauens und sittlicher Größe hatte die Kronprinzessin beschlossen, ihr Möglichstes beizutragen, um die Schrecken des Krieges zu mildern, der zahllose Opfer forderte. Arbeit und Thätigkeit halfen auch am besten über drohende Sorgen hinweg. Sie stellte sich an die Spitze der beiden unter dem Namen des sächsischen Hilfsvereins zu gemeinsamem Handeln sich verbindenden Vereine, des Albertvereins und des internationalen Vereins zur Pflege kranker und verwundeter Krieger, und über= nahm die Oberaufsicht und Leitung der gesamten weiblichen Krankenpflege Sachsens. Dabei wurden die anderen sächsischen Vereine, der Landes Militär=Hilfsverein, der Verein für sächsische Felddiakonie, die Hilfsvereine für die Familien einberufener Krieger, nicht außer acht gelassen. Das Hauptquartier des Hilfs vereins wurde in dem von König Johann überlassenen Max Palais aufgeschlagen. Der Kriegsschauplatz, die Lazarette des Heimatlandes, die Verband und Erquickungsstationen der Eisen bahnlinien waren die Stätten, wo Hilfe geleistet wurde. Neben den Albertinerinnen und Diakonissen pflegten mit ihrer bekannten Aufopferung Borromäerinnen, Vincentinerinnen und graue

Schwestern. Die Kronprinzeß leitete und überwachte im großen,
wie im kleinen alles, was in den Räumen des Max=Palais,
des Stapelplatzes für Verbandzeug, Bekleidung und Lebensmittel,
in den Sälen und Zimmern der Lazarette, wie auf dem
fernen Kriegsschauplatze, wo sich Frau Marie Simon be=
sonders hervorthat, geleistet wurde. In Dresden waren zuerst
zwei Lazarette in der Reiterkaserne und im Pontonschuppen
errichtet. Später kam noch ein drittes in der Pionierkaserne und
ein viertes in Übigau hinzu; letzteres wurde nur mit kranken
und verwundeten französischen Kriegsgefangenen belegt. Viele
Mühe veranlaßte die im Herbste sich nötig machende Fürsorge
für die in endlosen Zügen mit der Bahn eintreffenden Kriegs=
gefangenen, deren Zahl im Februar 1871 allein in Dresden bis
auf über 18,000 Mann stieg.

Nie leuchtete die selbstlose Hingabe, Opferfreudigkeit, uner=
müdliche Fürsorge, Geschäftskenntnis und Organisationsgabe der
Kronprinzessin strahlender hervor, als zur Zeit des großen Krieges
in den Jahren 1870 und 1871, wo ihr ganzes Sinnen und
Denken den verwundeten und kranken Kriegern galt. Frühzeitig
brach sie von Strehlen auf, zuerst zur Messe, die sie keinen Tag
versäumt hat, dann in das Max=Palais. Sie kannte jede
Krankenpflegerin persönlich und wußte sie an den ihrer Anlage
und Fähigkeit entsprechenden Platz zu stellen. Alle Delegierten
holten sich bei ihr die Befehle und näheren Anweisungen, keine
Sendung ging nach dem Kriegsschauplatze ohne ihre besondere
Weisung, kurz: sie hatte die ganze Leitung des großen Werkes
in ihrer Hand und beherrschte sie mit wunderbarer Sachkenntnis
und Umsicht. Nach gethaner Arbeit erfreute sie meist die Hilfe

7*

leistenden Damen, die im Parterresaal des Palais Charpie zupften und Verbandstücke anfertigten, durch einen kurzen Besuch. Sie brachte ihnen die neuesten Mitteilungen vom Kriegsschauplatze und den Offiziersfrauen Nachrichten von ihren Männern. In der ganzen langen Trennungszeit ist nie ein Brief des Kronprinzen verloren gegangen.

Die Kronprinzessin fuhr in die Lazarette, Freund und Feind besuchend, tröstend, aufheiternd, kleine Geschenke verteilend, mit denen sie die besonderen Wünsche eines jeden zu erfüllen wußte. Sie stellte eine Summe Geldes zur Verfügung, um denjenigen Verwundeten und Kranken, denen es die Ärzte gestatteten, Ausflüge zu Wagen zu ermöglichen. Die Kronprinzeß gewann bald das Vertrauen der Leute. Die Klagen und Wünsche auch des Geringsten nahm sie freundlich auf und trug ihnen Rechnung, soviel sie konnte. Sie beschränkte sich dabei nicht darauf, nur von ihrem Überflusse zu geben, nein, sie legte sich wirkliche Entbehrungen auf, um ausreichende Mittel für die Unzähligen zu haben, die ihre Hilfe begehrten. Sie achtete aber auch ihre eigene Bequemlichkeit nicht, fühlte weder Müdigkeit, noch Hunger. Öfter kehrte sie abends heim, ohne auch nur ihr Frühstück berührt zu haben, so daß späterhin immer ein Frühstückskörbchen mit ins Max Palais wanderte. Sie achtete nicht die große Kälte des Winters, obwohl ihre Natur das nordische Klima eigentlich nicht recht vertragen kann.

Der Winter 1870/71 war besonders streng. Es lag hoher Schnee. Die Kronprinzeß wollte eines Tages ihr kleines Lazarett in Strehlen aufsuchen; der Kutscher konnte aber auf der Straße mit dem Wagen nicht bis dahin durchdringen, auch gelang es ihm vom

Großen Garten aus, nur bis zu einem schmalen, geschaufelten Fuß-
wege zu gelangen; den benutzte die Kronprinzessin. Sie kam mit
völlig durchnäßten Schuhen an und borgte sich ein Paar Strümpfe
und ein Paar Filzstiefel von einer Pflegerin. Es war aber der
Kronprinzessin auch die Ankunft eines sächsischen Sanitätszuges
gemeldet, bei dessen Anlangen sie anwesend zu sein wünschte.
Sie entschloß sich, in den Filzbabuschen den Weg nach dem
Wagen und dem Bahnhof anzutreten. Der bekannte und von
der Kronprinzessin hochgeschätzte Arzt, Geheimrat Walther, versicherte ihr am nächsten Tage, die auf dem Bahnhof Anwesenden
wären äußerst erstaunt gewesen über diese neueste Mode in Winter-
fußbekleidung.

Die Kronprinzessin besuchte wiederholt die auswärtigen
Lazarette in Leipzig, Wurzen, Großenhain, Zittau, Bautzen,
Chemnitz, um sie eingehend zu besichtigen und die Verwundeten
zu erfreuen. Einige Verwundete hatte sie unter ihre besondere
Obhut genommen, für sie ein kleines Lazarett in Strehlen ein
gerichtet und noch jahrelang ist sie mit ihnen in Verbindung geblieben, hat ihren ferneren Schicksalen stete Teilnahme geschenkt
und fortgesetzt Hilfe geleistet, wo sie notwendig war. Noch nach
Jahren arbeitete sie kleine Gegenstände für das neugeborene Kind
eines Südfranzosen, eines ihrer Pfleglinge, für dessen Fortkommen
sie sich selbst bei den französischen Behörden verwendet hatte.

Nach dem beispiellosen Erfolge von Sedan war die Ansicht
vorherrschend, daß der Krieg in kurzer Zeit zu Ende sein werde.
Frankreich gebot aber über großartige Hilfsquellen und verwendete
sie mit außerordentlicher Thatkraft zum Kampfe bis aufs äußerste.
Der Kronprinz lag mit seiner Armee noch vor Paris, als das

erste Kriegsjahr sich zum Ende neigte. Weihnachten wurde auch in Margency unter strahlenden Tannenbäumen gefeiert. Die Liebesgaben der Kronprinzeß fehlten nicht im Feindeslande. In der sächsischen Heimat aber stieg aus tiefstem Herzen der Wunsch zum Himmel: „Ehre sei Gott in der Höhe, Friede auf Erden und den Menschen ein Wohlgefallen!"

Der Krieg sollte vor seinem Ende noch die Neubegründung des deutschen Reiches sehen. Die Kaiserproklamation fand bekanntlich am 18. Januar 1871 in der Spiegelgalerie zu Versailles statt. Fast ein halbes Jahrhundert war erfüllt gewesen mit Versuchen, eine festere Vereinigung der deutschen Staaten und Stämme zu finden, keiner hatte zu einem befriedigenden Ergebnis geführt. Da war es ein Angriff von außen her, welcher der deutschen Nation und ihren Fürsten nicht nur die Gefahren zeigte, die ein gespaltenes Deutschland bedrohen, sondern auch die unwiderstehliche Kraft, mit welcher das einmütige Deutschland im stande ist, alle äußeren Angriffe zurückzuschlagen, und sich eine gesicherte Ruhe zu erhalten. Da erkannten aber auch alle deutschen Fürsten und Völker die Notwendigkeit, der auf den Schlachtfeldern Frankreichs erprobten und befestigten Einigung einen bleibenden Ausdruck, der durch die Macht der Verhältnisse geschaffenen Eintracht eine dauernde verfassungsmäßige Grundlage zu geben, und alle einigten sich in demselben Wunsche, der in der Verbindung der süddeutschen Staaten mit dem Norden Deutschlands, in der Wiederherstellung des altehrwürdigen deutschen Reiches und der Kaiserwürde seine Erfüllung fand.

Endlich war die Widerstandskraft Frankreichs überwunden,

Paris fiel, und als der Frühling kam, brachte er den Frieden mit. Aus Anlaß der freudigen Nachricht vom Abschlusse der Friedenspräliminarien hatte sich am 2. März Dresden festlich geschmückt. Vom Schlosse, von den Kirchtürmen, von allen öffentlichen Gebäuden, wie von vielen Privathäusern wehten Fahnen, und eine große Menschenmenge belebte in frohester Stimmung die Hauptstraßen. Die Freude wurde erhöht durch die gleichzeitig stattfindende feierliche Überführung der nach dem Vaterlande gebrachten Kriegstrophäen vom Palaisplatze nach dem Zwinger. Beim Vorüberziehen trat die königliche Familie auf den Balkon des Schlosses. Nachdem die Friedensbotschaft aus Bordeaux der Bevölkerung durch das Geläute aller Glocken verkündet worden war, fand Sonntag, den 5. März, die städtische Friedensfeier statt. Die Bürgerschaft sang auf dem Altmarkte: „Nun danket alle Gott!" An der Kolossalstatue der Germania, dem Modell der jetzigen, erklang „Die Wacht am Rhein". Zur Besichtigung der Illumination fand eine Umfahrt der königlichen Familie statt. König Johann fuhr im offenen Wagen mit der Frau Kronprinzeß.

Der Kronprinz trat am 10. März einen kurzen Urlaub nach Dresden an. Er kehrte nach achtmonatlicher Abwesenheit und ruhmreichster Anteilnahme an den großen Kämpfen und Siegen der deutschen Heere zurück. Bei dem Charakter dieser Heimkehr, die nur ein kurzer Besuch in der lieben Heimat sein sollte, wurde von einem offiziellen Empfange abgesehen; eine um so wärmere, herzlichere Begrüßung bereitete ihm die Bevölkerung ohne alle äußere Anregung, aus eigenem freien Antriebe. Die Kronprinzeß reiste ihrem Gemahl bis Weißenfels entgegen, benutzte auch dort den einstündigen Aufenthalt vor Ankunft des Kronprinzen, das Lazarett zu besichtigen. Von der Grenze, von Markranstädt an, glich dann die Fahrt des kronprinzlichen Paares einem Triumph= zuge. Auf jeder Station wurde es von den Behörden, den Schulen, den Einwohnern jubelnd empfangen. In Leipzig, wo übernachtet wurde, brachte man ihm einen Fackelzug unter brausen= den Hochrufen der zahllosen Menge, die vor dem Palais ver= sammelt war. Der 11. März war ein schöner, sonniger Früh= lingstag. König Johann war seinem geliebten Sohne bis Riesa entgegengefahren. Der Kronprinz zog mittags 1 Uhr in Dresden ein unter dem Ausdruck einer Begeisterung, die alles Voran= gegangene überstieg. Überwältigend war die Freude des Volkes. An diesem Jubel hatte aber auch die Kronprinzeß ihren Anteil. Das Volk wollte ihr die Verehrung und den Dank bezeugen für alle Liebe und alle Aufopferung, die sie bewiesen hatte, und diese frohe, glückselige Stunde an der Seite des langentbehrten geliebten Gemahls bot ihr Entschädigung für viele bange, sorgenvolle Tage und rastlose, hingebende Arbeit.

Der Kronprinz mußte bald zu der seiner Oberleitung unter= stellten neugebildeten dritten Armee nach Frankreich zurückkehren. Die Kronprinzessin begleitete ihn nach seinem Hauptquartier Com= piègne; und damit erfüllte sich ein Wunsch, den sie lange schon in aller Stille gehegt hatte. Nach abgeschlossenem Präliminar= frieden waren ihre Aufgaben im Heimatlande insoweit erfüllt, als es sich nicht mehr um neuen Zuwachs an Hilfsbedürftigen, sondern nur noch um Heilung der bereits in Pflege Befindlichen handelte. So konnte die hohe Frau die Leitung ihres segens= reichen Liebeswerkes bewährten Händen anvertrauen, mit nach

Frankreich gehen und hier das Hauptquartier des Kronprinzen zu einem Fürstenhofe in des Wortes edelster Bedeutung ge- stalten. In nur fünf Tagen hatte sie alles geordnet und über- geben und war reisefertig. In der Begleitung der Kronprinzeß befanden sich Oberhofmeisterin Gräfin Wallwitz und Hofmarschall Major Senfft von Pilsach.

Am Tage vor der Abreise, am 15. März, verlieh König Johann der Kronprinzeß den kurze Zeit vorher für besondere Verdienste auf dem Gebiete der freiwillig helfenden Liebe im Kriege oder im Frieden für Frauen gestifteten Sidonienorden und überreichte ihr die Insignien persönlich.

Die Ankunft in Compiègne erfolgte am 18. März. Der Kronprinzeß machte es einen eigenen Eindruck, daß sie von der letzten Eisenbahnstation nach Compiègne von einer Eskorte der aus Gardes du corps bestehenden Stabswache des Oberkommandos geleitet wurde. Der Stab der Maasarmee war bereits am 13. dort eingetroffen; mit ihm vereinigte sich am 21. März der seit- herige Stab der dritten Armee. Es entfaltete sich mit dem Ein- zuge des kronprinzlichen Paares ein reges Leben. Das Schloß, erbaut unter Ludwig XV., erweitert unter Napoleon I. und Napoleon III., besteht aus zwei parallelen Hauptflügeln, welche an den vorderen Giebelseiten durch Arkaden, an den hinteren Giebeln durch einen Mittelbau verbunden sind. Der rechte Flügel besteht aus Parterre und Etage, hat an der Parkfront eine lange Terrasse und enthält die prächtigen Fürstenzimmer, sowie die Prunksäle. Der linke Flügel und der Mittelbau ent- halten zahlreiche elegant eingerichtete Quartiere. Das Schloß ist im Stil des Palais Royal gebaut und von einem herrlichen

Park umgeben. Hier waltete das sächsische Kronprinzenpaar mit immer gleicher persönlicher Huld und übte seinen Zauber nicht nur auf die unmittelbare Umgebung, sondern auf alle aus, denen vergönnt war, im Hauptquartier zu verkehren. Mancher hatte der Umwandlung des Kriegslagers in ein Hoflager mit einiger Besorgnis entgegengesehen, fühlte sich aber bald wohl und glücklich in der Umgebung der Kronprinzessin. Sie erschien bei dem gemeinschaftlichen zweiten Frühstück um 12 Uhr und bei der Hauptmahlzeit um 6 oder 7 Uhr und regte einen heiteren, fröhlichen Ton an. Der Nachmittag wurde zu kleineren und größeren Ausflügen, bald zu Pferde, bald zu Wagen, benutzt. Den Abend verbrachten die Herrschaften im Kreise ihrer Umgebung, wobei die gesellige Unterhaltung in ungezwungener Weise gepflegt wurde.

Die Umgegend von Compiègne, namentlich der herrliche, über 14,000 ha große, mit prächtigen Buchen und Eichen bestandene, von sternförmig angeordneten Wegen durchzogene Wald, bot die mannigfaltigste Gelegenheit zu Partien, deren Reiz durch das schöne Frühjahrswetter erhöht wurde. Wiederholt ließ die Kronprinzessin die Frühstückstafel im Walde decken, an Plätzen, die ihr auf Ritten besonders einladend zu einer partie champêtre erschienen waren. Sie gestattete dabei den heitersten, ungezwungensten Ton. Die Gesellschaft lagerte sich unter den schönen, hochgewölbten Buchen. Die weißen Stämme waren von Epheu umrankt, auf dem weichen, saftiggrünen Boden blühten und dufteten unzählige Maiblumen und blaue Hyazinthen, in den Zweigen schmetterten die Nachtigallen und überboten die fröhlichen Stimmen der jungen Offiziere. Mit Vorliebe fuhr die Kronprinzeß nach dem 14 km von Compiègne an der

Ostseite des Waldes gelegenen mächtigen Schlosse Pierre-
fond, welches mit seinem alten, mittelalterlichen Bau, mit seinen
zinnengekrönten Türmen die Gegend weithin überragt. Die
Kronprinzessin zeigte die feudale Burg, die auf Staatskosten
vollständig restauriert worden war, gern ihren Gästen, so Prinz
und Prinzeß Georg bei Gelegenheit ihres Besuches von Laon
aus, wie auch dem Prinzen Elimar von Oldenburg und dem
Prinzen Friedrich von Hohenzollern.

Auch weitere Ausflüge wurden unternommen. Coucy le
Château, die Ruine eines alten Schlosses, von welchem ein
mächtiger Donjon gut erhalten ist, wurde besucht. Eine Fahrt
nach Margency, wo der Kronprinz in der Villa Darvillers mo-
natelang sein Quartier gehabt hatte, bot viel des Interessanten.
Die Ortschaften um Paris gewährten ein erschütterndes Bild des
verwüstenden Krieges. Paris leuchtete in der Ferne im friedlichen Sonnenschein, aber von der Stadt her war das eigentümliche Geknatter der gegen die Kämpfer der Kommune ge-
richteten Mitrailleusen zu hören. Der Anblick der Königsgräber
in der Abteikirche von St. Denis, namentlich das Marmorstand-
bild der Königin Marie Antoinette, bewegte alle Herzen. In
Soisy waren die Herrschaften Gäste des Generals von Fabrice,
welcher als Generalgouverneur dort weilte. Er verhandelte über
den Frieden und hatte an demselben Morgen eine Besprechung
mit Jules Favre und Putzer Quertier gehabt. Letzterer nahm
an der Mittagstafel teil und hatte sichtlich einen tiefen Eindruck
von der Begegnung mit den sächsischen hohen Herrschaften.
Das Kronprinzenpaar unternahm auch eine mehrtägige Tour
nach dem Norden Frankreichs, bei der sich ihm in Amiens

Prinz und Prinzeſſin Georg anſchloſſen. Die herrlichen Denkmäler
gotiſcher Baukunſt, die Kathedrale von Amiens, der Juſtizpalaſt,
Notre-Dame und St. Ouen in Rouen erregten die höchſte Be=
wunderung. In Dieppe intereſſierte ſich die Kronprinzeß ſehr
für die dortige Elfenbeininduſtrie und kaufte mehrere ihrer ſchönen
und kunſtvollen Erzeugniſſe. Die Ruinen des alten Normannen=
ſchloſſes wurden beſichtigt und auf dem ſpiegelglatten, tiefblauen
Meere eine Bootfahrt unternommen.

Der Geburtstag des Kaiſers wurde durch Gottesdienſt,
Parade, Diner und Mannſchaftsfeſte feierlich begangen. Kronprinz Albert wurde an dieſem Tage mit dem Großkreuz des
eiſernen Kreuzes ausgezeichnet. Zu Oſtern ordnete die Kron=
prinzeß ein Eierſuchen an. Sie kaufte ſelbſt alle hübſchen
Gegenſtände auf, die noch in den Compiègner Läden zu finden
waren, und verſteckte ſie mit den Eiern auf der ſchönen
Schloßterraſſe, ſo daß jeder der Herren ein Andenken an jene
frohe Zeit finden und bewahren konnte. Die Offiziere der Garde=
kavallerie waren bemüht, durch Veranſtaltung von Rennen und
Schnitzeljagden bei Compiègne und Chantilly Abwechslung in
das tägliche Leben zu bringen. Während der Abweſenheit
der Herrſchaften in Chantilly brannte es im Fürſtenbau
des Schloſſes von Compiègne, was das Kronprinzenpaar
veranlaßte, die früher kaiſerlichen Gemächer zu beziehen.

Durch beſonders feſtliches Gepräge war der Geburtstag des
Kronprinzen ausgezeichnet. Nach der Beglückwünſchung wurde von
Offizieren des Stabes*) eine Quadrille geritten. Der dazu gewählte

---

*) Rittmeiſter von Mutius, Hauptleute Graf Vitzthum und von der
Planitz, Lieutenants Graf Arnim, Graf Weſterhold, von der Planitz, von
Biſſing, von Jagow, von Kroſigk.

Platz war ein sehr passender. Auf der großen Avenue Napoleon war ein Viereck durch Gardes du corps zu Fuß bezeichnet, um das herum durch Gardes du corps zu Pferd die Fahnen mit den Landesfarben des prinzlichen Paares, grün-weiß und blau-gelb, gehalten wurden, während im Hintergrunde eine große schwarz weiß-rote Flagge wehte. Das Bild, eingerahmt von herrlichen Bäumen im Frühlingsgrün, wurde belebt durch die vielen verschiedenen bunten Uniformen. Bei der Tafel zu 80 Gedecken in der Salle des Gardes erklang das Hoch auf den Kronprinzen. Der Abend schloß mit Feuerwerk und Zapfen-streich.

Die Kronprinzeß besuchte auch in Compiègne täglich die Messe. Ehrfurchtsvoll begegneten ihr auf dem Wege zur Kirche die Einwohner. Die vielen alten Frauen, die nirgends so zahl-reich zu sein scheinen wie in Frankreich, begrüßten sie besonders freundlich; denn für sie waren die Taschen mit den großen kupfernen Sousstücken gefüllt, und diese gelangten reichlich in die ausgestreckten Hände.

Wegen der zwischen den Truppen der Regierung und den Aufständischen der Kommune mit großer Erbitterung geführten Kämpfe erschien eine abermalige Zusammenziehung der III. Armee vor Paris erforderlich. Der Kronprinz verlegte sein Haupt-quartier wieder nach Margency. Früher, als sie es gewünscht, am 16. Mai, wurde die Kronprinzeß dadurch zur Heimkehr be-wogen. Sie reiste über Brüssel zurück, wo sie einige Tage bei der Gräfin von Flandern Aufenthalt nahm. Dort besuchte sie auch die Prinzessin Mathilde Bonaparte. Ein kurzer Halt wurde noch in Düsseldorf bei der Fürstin von Hohenzollern gemacht.

Ein kaltes, nasses Frühjahr hatte die Vegetation in der Heimat ungewöhnlich zurückgehalten; nach der herrlich entwickelten Natur der schönen Umgebung von Compiègne wirkte der Gegensatz etwas herabstimmend und ließ die hohe Frau die erneute Trennung von ihrem Gemahl um so schmerzlicher empfinden. Sie eilte nach Jahnishausen, dem Königspaare zu berichten und es nach längerer Abwesenheit zu begrüßen. Ihr erster Ausflug in Sachsen galt dann Rehefeld, um das Jagdhaus zum Empfange des Gemahls vorzubereiten.

Als die Wiederherstellung der Regierungsgewalt in Paris erfolgt war und die deutschen Friedensbedingungen Annahme gefunden hatten, stand dem Rückmarsche der deutschen Streitkräfte, soweit sie nicht für die fernere Occupation Verwendung finden sollten, kein Hindernis mehr im Wege. Auch Kronprinz Albert konnte wieder in das geliebte Vaterland zurückkehren und traf am 10. Juni in Dresden ein.

Das Kronprinzenpaar begab sich nach Berlin, um dem dortigen von einem unbeschreiblichen Enthusiasmus der Bevölkerung getragenen Truppeneinzuge beizuwohnen, dem Einzuge des Gardekorps, welches bei der Maasarmee unter den Befehlen des Kronprinzen gestanden hatte, und der Deputationen der ganzen deutschen Armee.

Der 11. Juli 1871, ein schöner Sommertag, war ein Freuden- und Ehrentag, wie ihn die Hauptstadt Sachsens noch nie gesehen. Er galt dem feierlichen Einzuge der siegreich aus dem Felde zurückgekehrten vaterländischen Truppen. Den tapferen Kriegern und ihren Führern wurde so recht aus dem Herzen ein jubelnder Willkommen zu teil, der ihnen sagte, daß Sachsen die Heldenthaten zu würdigen wisse, die seine wackeren Söhne zu seiner Ehre und zum Heile des großen deutschen Vaterlandes so ruhmvoll zu vollbringen gewußt hatten. Nach vollendeter Aufstellung der Truppen erschien König Johann, von Pillnitz kommend, um 11 Uhr an der Picardie des Großen Gartens, wohin sich zu seinem Empfange der Kronprinz mit dem Stabe der Maasarmee begeben hatte. Der König übergab dem Kronprinzen ein kaiserliches Handschreiben mit der Ernennung zum Generalfeldmarschall und überreichte ihm den Marschallstab. Die Kronprinzessin wohnte zu Wagen der Verleihung bei. Der König ritt hierauf die Fronten ab, gefolgt von den königlichen Wagen, und begab sich durch die glänzend und farbenprächtig geschmückte Stadt nach dem Bautzener Platze, wo ein Vorbeimarsch der einziehenden Truppen vor der königlichen Familie stattfand. Sie alle kamen in feldmäßigem Anzuge; Tausende von ihnen in der Hand, um den Helm, auf Gewehr und Säbel, am Sattel grüne Lorbeerkränze; bestaubte, markige Gestalten mit wettergebräunten Gesichtern, jedes Regiment, jedes Bataillon aufs neue umjubelt. Die Krieger begrüßten ehrfurchtsvoll das Königshaus, die zerschossenen Fahnen senkten sich, Begeisterung machte die brennende Sonnenglut des wolkenlosen Himmels vergessen. Auch der verehrten Kronprinzeß galt manches Hoch aus dankbarem, warmem Soldatenherzen.

Nach den Kriegen.

Die Kriegsstürme hatten sich gelegt, herrlich war der wieder in das Land eingezogene Friede. Ein schönes Fleckchen Gotteserde im erzgebirgischen Walde war das Jagdhaus Rehefeld, welches die Kronprinzeß dem Kronprinzen im Jahre 1870 hatte erbauen lassen, um zu ruhen nach angestrengter und verantwortungsreicher Arbeit. Dort nahm das hohe Paar im August 1871 kurzen Aufenthalt. Während dann der Kronprinz bei Ischl jagte, war die Kronprinzeß auf der Weinburg.

Prinzeß Amalie war am 18. September 1870 im 76. Jahre nach kurzem Krankenlager verschieden. Am 28. Mai 1871 starb Erzherzogin Sophie, die Mutter des Kaisers von Österreich, die Zwillingsschwester der Königin-Witwe. Die Erzherzogin pflegte fast regelmäßig im Sommer die Königin Marie zu besuchen und dann auf der Weinbergsvilla in Wachwitz Wohnung zu nehmen. Gleichzeitig kam öfters die Königin Elisabeth von Preußen zu ihrer Zwillingsschwester Königin Amalie, so daß dann alle vier Schwestern vereint waren.

In Dankbarkeit gegen Gott, der das Königspaar eine fünfzigjährige, glückliche Ehe hatte verleben lassen, feierte dasselbe am 10. November 1872 in Gegenwart des Kaiserpaares und zahlreicher Fürstlichkeiten die goldene Hochzeit. Sachsen begrüßte den Festtag in freudig gehobener Stimmung, deren Wiederhall weit über des Landes Grenzen hinausklang. Wie eine Familie ihr verehrtes Oberhaupt, so umstand Sachsens Volk am Jubeltage sein geliebtes Königspaar, dessen Tugend und glückliches Familienleben durch ein halbes Jahrhundert allen zum Heile als ein hehres Beispiel voranleuchtete.

Die Kronprinzeß war Ende Februar 1872 nach Brünn gereist, um die damals 96jährige Baronin Galen zu besuchen und ihr dadurch die letzte Freude ihres Lebens zu

bereiten. Dem Kurgebrauche in Marienbad schloß sich im
Sommer eine Reise mit dem Kronprinzen nach Tirol und
Südbayern mit Aufenthalt bei den fürstlichen Verwandten
in Possenhofen und Tegernsee an. Das kronprinzliche Paar war
Ende November Taufzeuge bei Prinzessin Josephine von Belgien
in Brüssel und benutzte diese Gelegenheit, um einen Ausflug nach
Antwerpen zu machen. Die zweite Hälfte des Januar 1873
verbrachte die Kronprinzeß in Sigmaringen. Sie hatte die Freude,
Graf und Gräfin von Flandern Ende Mai, die Herzogin von
Hamilton und die Erbprinzeß von Monaco Mitte Juni bei sich
in Strehlen zu sehen. Die kronprinzlichen Herrschaften reisten
in den letzten Julitagen nach Metz, um der feierlichen Einweihung
des am Wege von Noncourt nach St. Privat errichteten Denkmals
beizuwohnen, das dem Andenken aller im Feldzuge gegen Frank
reich gefallenen Sachsen gewidmet ist. Eine plötzliche, bedenkliche
Erkrankung des Königs Johann unterbrach jedoch die Reise und
war die Ursache zu rascher Rückkehr nach Dresden.

Das Befinden des Königs besserte sich und gestattete dem
Kronprinzenpaare in der zweiten Hälfte des August den Besuch
der Wiener Weltausstellung. Dieses Bild des gesamten Kultur-
lebens erschien zum ersten Male auf deutschem Boden. In Wien
waren die Erzeugnisse aller Völker ausgestellt; der Osten hatte
sich angestrengt, nicht hinter dem Westen zurückzubleiben. Die
sächsischen hohen Gäste wurden vom Kaiser auf das gastfreieste
aufgenommen. Sie wohnten in dem erinnerungsreichen Hetzen
dorf. Der Kaiser war aus Ischl nach Schönbrunn gekommen,
um sie zu begrüßen. Es fand eine Truppenrevue auf der Schmelz
statt, darnach begleitete der Kronprinz den Kaiser nach dem Brucker

Lager. Vorstellungen des Opernhauses und das Karltheater wurden besucht. Großartig war das Volksfest im Prater, an welchem mehrere Hunderttausend Menschen teilnahmen; bei Tage goldiger Sonnenschein, blauer, italienischer Himmel, bei Einbruch der Dunkelheit reine, sternhelle Nacht mit feenhafter Beleuchtung. Selbst im Besitze prachtvollen Schmuckes, interessierten die Kronprinzeß auf der Ausstellung sehr die Juwelen des Schahs von Persien, darunter der berühmte große Diamant Derja-i nur, Meer des Lichts; auch der Pavillon der Frauenarbeiten und die Blumenausstellung übten auf die Kennerin nicht wenig Anziehungskraft aus. Wien, welches die Welt bei sich zu Gaste geladen hatte, war ein anderes geworden. Die alten Wälle waren gefallen, und auf dem Glacis erhob sich eine Stadt von Palästen, wie sie in Bezug auf Architektonik nirgends großartiger gefunden wird. Aber mit dem alten Gewande hatte die Stadt nicht ihr heiteres Gemüt abgelegt. Nach kurzem Besuche in Reichenau bei Erzherzog Carl Ludwig wurde die Rückreise angetreten.

König Johann war im Winter 1872 zu 1873 öfters von katarrhalischen Leiden heimgesucht worden, zu denen sich im Frühjahre ernstere asthmatische Beschwerden gesellten. Eine Kur in Bad Ems erzielte auf kürzere Zeit befriedigende Erfolge, doch zeigten sich im Sommer die alten Leiden wieder und eine bedenkenerregende Abnahme der Kräfte trat ein. Nachdem kurze Zeit lang eine Besserung im Befinden des Königs eingetreten zu sein schien, verbreitete sich Mitte Oktober unerwartet die betrübende Kunde von einer Wiedererkrankung. Das Ende nahte. König Johann verschied zu Pillnitz am 29. Oktober 1873. Ein

gottesfürchtiger, gerechter und weiser, von hoch und niedrig ver-
ehrter Fürst, einer der besten und edelsten Menschen war zur ewigen
Ruhe gegangen. Groß war der Schmerz über den Verlust, bis
in die kleinste Hütte wurde er empfunden. Aber nicht bloß das säch=
sische Volk hatte seinen Landesvater, einen Vater in des Wortes bestem
Sinne, verloren, nicht bloß der sächsische Staat seinen festen,
gerechten und stets milden Lenker, auch Deutschlands Fürsten
war ein treuer Bundesgenosse, ein erprobter und weiser Berater,
dem deutschen Reiche ein Patriot voll hingebendster Treue, der
deutschen Wissenschaft ein erleuchteter Pfleger und Beschützer ent=
rissen worden. Die Kronprinzessin beweinte in dem Könige
einen geliebten Vater und hat ihm stets das treueste und dankbarste Andenken bewahrt.

III.
Königin.
1873—1898.

Auf dem Throne.*)

Königin Carola hatte am 29. Oktober 1873 den Thron bestiegen. Gern würde sie sich begnügt haben, die Gemahlin ihres Gemahls, die sorgende Frau in ihrem Hause, die Freundin ihrer Freunde, die Wohlthäterin der leidenden Menschheit zu sein. Das Geschick hatte aber ihre Kreise weiter gezogen. Fünfundzwanzig Jahre Königin verlangten, da sie von den Pflichten ihrer Stellung ganz durchdrungen ist, eine aufopfernde Thätigkeit. Sie widmete ihr Leben dem Wohle ihrer Unterthanen. Wenn sich Sachsen unter der Regierung des Königs Albert wohl befand, so hat die hohe Frau an seiner Seite in ihrem Wirkungskreise ein gutes Teil dazu beigetragen. Dafür genießen auch König und Königin die gleiche Liebe ihres Volkes, in gewisser Beziehung auch des Teiles, der dem Königtum und dessen sozialpolitischer Richtung widerstrebt.

Der größte Segen, den ein arbeitsames Volk begehren kann, Frieden bei geachteter Stellung nach außen, er wurde Sachsen

---

*) Bis zur Thronbesteigung wurden die Erlebnisse Ihrer Majestät der Königin in zeitlicher Folge geschildert. Die Geschichte der 25 Jahre auf dem Königsthrone ist eine so viel umfang und inhaltreichere, daß aus ihr nur das Bedeutendste und Charakteristischste hervorgehoben werden kann. Weitere Daten sind nach der Zeitfolge in Anlage A aufgenommen.

mit dem deutschen Vaterlande zu teil. Die deutschen Stämme
waren zu einem starken Reiche geeint. Unter dem Schutze eines
tüchtigen Heeres arbeiteten Landwirtschaft und Handwerk, blühten In
dustrie, Handel und Wandel, gediehen Kunst und Wissenschaft. Was
menschliche Fürsorge zu bieten vermochte, das geschah zur Förderung
des Gemeinwohls. Jeder Einzelne genießt ein großes Maß per
sönlicher Freiheit; durch Unfall, Kranken=, Alters und Invaliden
versicherung, durch eine entwickelte Arbeiterschutzgesetzgebung, durch
ein Beschneiden der Auswüchse der Börse, des Zwischenhandels
und des Wuchers wurde den Unbemittelten geholfen, wurden die
Schwachen geschützt. Jeden Erwerb begünstigt ein Eisenbahn,
Telegraphen= und Fernsprechnetz, welches sich in immer engeren
Maschen über das ganze Land verbreitet. Beweise für die Hebung
des Nationalwohlstandes sind die materiell bessere Lebensführung
des Volkes, der günstige Stand des Sparkassenwesens und eine
in dieser Ausdehnung noch nie dagewesene Bauthätigkeit. Wo
viel Licht ist, da ist aber auch Schatten. Mächtig emporgeschossene
Parteien streben einen Umsturz der jetzigen Verhältnisse an; doch
steht die landesväterliche Fürsorge dafür ein, daß Gesetz und
Ordnung unter allen Umständen geschützt werden, wie sie ander
seits auch willens ist, Sachsens Volk vor der Übermacht des
Geldes und dem daraus leicht hervorgehenden Verfall der Sitten
zu bewahren.

Dresden ist eine schöne Stadt geblieben, obschon es seinen
Charakter wesentlich verändert hat. Die Residenz wird zur Groß
stadt, bedeutende Industriezweige mit den unvermeidlichen rußen
den Fabrikessen sind eingezogen, große Handelsfirmen haben sich
niedergelassen. Der Verkehr schreitet auch hier über alle andern

Rücksichten siegreich hinweg. Es entstand eine außerordentliche
Zahl großer öffentlicher Bauten, die wohl ihren Zwecken ent
sprechen, sich aber an Schönheit mit den alten Bauwerken meist
nicht messen können. Die neu aufschießenden Häusermassen bedecken
wie ein Schlackenstrom das Grün der lieblichen Umgegend. Sehr
anzuerkennen ist das Bestreben, die charakterlose Einförmigkeit der
modernen Stadt durch wohlgepflegte Gärten und Anlagen freund
licher zu gestalten. Dresden hat sich durch seine Theater, seine
Kunstschätze, sein fröhliches Leben und Treiben die alte An
ziehungskraft bewahrt. Noch eins ist ihm aus früheren Zeiten
geblieben: die Anhänglichkeit seiner Bewohner an das Königshaus.

Nach Beendigung der tiefen Trauer um König Johann
begaben sich König und Königin Ende Januar 1874 zu längerem
Aufenthalt nach ihrer treuen Stadt Leipzig, dem großen Handels-
und Industrieplatze Sachsens. Der Empfang des Königspaares
war ein sehr herzlicher. Durch Serenade, Illumination, Fackelzug
der Studentenschaft gab die Bevölkerung ihrer Freude Ausdruck,
das Königspaar in den Mauern der Stadt zu sehen. Die
Königin hielt einen Damenempfang ab, besuchte mehrere Wohlthätigkeitsanstalten und begleitete den König bei der Besichtigung
verschiedener großer industrieller Etablissements. Die Besuche
Leipzigs fanden in ähnlicher Weise von nun an alljährlich statt.
Das Hoflager wird im Palais auf der Goethestraße aufgeschlagen:
hier versammeln sich die Offiziere der Garnison, Staats- und
städtische Beamte, Vertreter der Universität, der Geistlichkeit
und des Lehrstandes, Männer der Kunst und Wissenschaft, Kauf-
leute und Fabrikanten um ihren Landesherrn. Bei jeder Anwesenheit wohnt der König einigen Vorlesungen an der Universität

bei, oft in Begleitung der Königin, wenn die zu behandelnden Gegenstände ihr Interesse erregen.

Um dem Volke zu zeigen, wie lieb er es habe, wie hoch er es halte, um seine Kenntnis von Land und Leuten zu erweitern, bereiste der König im Sommer 1874 den Zwickauer und Bautzener Kreisdirektionsbezirk. Die Königin begleitete ihn. Die Reisen hatten für das Königspaar den Zweck, sich durch eigene Anschauung von den Zuständen des Landes auf allen Gebieten der Verwaltung und des individuellen Lebens Kenntnis zu verschaffen und darauf nach Befinden weitere Entschlüsse zu fassen. Die Einrichtungen der Behörden, die Bildungs- und Wohlthätigkeits- anstalten, die Arbeitsstätten der Industrie und des Handels wurden besichtigt und bei dem Besuche der letzteren namentlich hervorgehoben, wie sehr König und Königin das Wohl der Arbeiter am Herzen liege.

In den weiteren Regierungsjahren fanden noch vielfach solche Reisen im Lande statt, an denen, wenn es möglich war, die Königin gern teilnahm, bei denen ihre Einfachheit und Liebenswürdigkeit, ihr scharfer und richtiger Blick manchen Segen brachten. Es liegt in ihrer Persönlichkeit der besondere Zauber, den eine edle und kluge Frau, ohne daß sie es weiß und will, um sich verbreitet; sie hatte ein warmes Herz und ein lebendiges Interesse für alles, was ihr gezeigt wurde. Die Reisen im Lande gewannen einen dauernden Wert für das Volk; mancher, der in des Königspaares Augen geschaut, sein Denken und Thun erfahren hatte, betrat richtige politische Wege und wurde von wahrem Patriotismus erfüllt.

Familie und Hofstaat.*)

Die Königin besitzt ein außerordentlich reges Familiengefühl. Von ganzem Herzen nimmt sie an dem Gedeihen des gesamten Königshauses teil. Die Familie des Prinzen Georg steht ihr nahe, und sie verkehrt ununterbrochen, fast täglich mit ihr. Die ganze königliche Familie vereinigt sich wöchentlich mehrmals teils mit, teils ohne Dienst. Frohe Tage waren für die Königin der Geburtstag des Prinzen Albert, dessen Wohlergehen sie sich nach dem Tode seiner Mutter besonders annahm, die Vermählungen der Prinzessin Maria Josepha mit dem Erzherzog Otto von Österreich, des Prinzen Friedrich August mit der Erzherzogin Luisa, Prinzessin von Toskana, des Prinzen Johann Georg mit der Herzogin Isabella von Württemberg. Freudig begrüßte die Königin das Aufblühen einer neuen Generation der albertinischen Wettiner bei der Geburt der jungen Prinzen Georg, Friedrich Christian und Ernst Heinrich.

Das Jahr 1877 war ein Trauerjahr für die königliche Familie. Drei Todesfälle folgten im Königshause rasch aufeinander. Prinz Gustav Wasa, auf Besuch in Strehlen anwesend, erkrankte Ende Mai an Lungenentzündung. Als der König nach Ragatz reiste, blieb die Königin zurück, um sich der Pflege ihres Vaters zu widmen, mit dem sie Mitte Juni nach Pillnitz übersiedelte. Das Befinden besserte sich. Die Königin folgte Ende Juni dem Könige nach der Schweiz und nahm nach einer kurzen gemeinsamen Gebirgsreise Aufenthalt in Tarasp. Ende Juli

*) Anlagen B. und C.

wieder in Pillnitz angekommen, fand sie Prinz Wasa in einem
Zustande zunehmender Schwäche. Es trat eine rasche Abnahme
der Kräfte ein. Der Prinz verschied am 4. August, fast 78 Jahre
alt, in den Armen seiner Tochter, die dem geliebten Vater die
Augen zudrücken konnte. Gott verlieh der Königin Kraft, den
tiefen Schmerz zu ertragen. Die Leiche des Verewigten wurde
in Pillnitz eingesegnet, nach Oldenburg überführt und in der
großherzoglichen Begräbniskapelle vorläufig beigesetzt, bis sie später
in Stockholm ihre bleibende Ruhestätte gefunden hat. König und
Königin kehrten am 11. August aus Oldenburg zurück.

Die Königin Witwe Maria verschied nach kurzem Kranken
lager am 13. September an Lungenlähmung. Das Königspaar
hatte die dem Tode vorangehende Nacht bei der verehrten Tante
auf der Weinbergsvilla in Wachwitz zugebracht. Königin Maria
zählte zu jenen Frauen, von denen mit Recht gesagt wird, daß
sie die besten sind, weil man am wenigsten von ihnen spricht.
Ihr Hintritt, vom ganzen Lande schmerzlich betrauert, wurde von
den Unglücklichen und Notleidenden, denen sie eine freigebige
Helferin gewesen war, am tiefsten empfunden.

Auch die Königin-Mutter Amalie erkrankte in den ersten
Novembertagen an akutem Lungenkatarrh, dem sie, fast 76 Jahre
alt, am 8. November erlag. Seit dem Tode des Königs Johann
hatte sie in stiller Zurückgezogenheit im Kreise ihrer Familie ge
lebt, welche ihr Hinscheiden schwer empfand. Sanft, wie ihr
Tod, war ihr Leben gewesen, das den edelsten Zwecken, der Er
ziehung ihrer Kinder und unermüdlichem Wohlthun gewidmet
war. Ihre Ehe war eine äußerst glückliche, ein Muster im
schönsten christlichen und menschlichen Sinne des Wortes gewesen,

ein leuchtendes Vorbild für das ganze Land. Königin Amalie war auch eine echte Landesmutter in treuer Pflege gemeinnütziger Zwecke und wohlthätiger Einrichtungen, dabei von seltener Einfachheit, Milde und Liebenswürdigkeit des Auftretens in ihrer hohen Stellung gewesen. Den Beisetzungen beider Königinnen wohnten zahlreiche verwandte und befreundete Fürstlichkeiten bei.

Diese im Jahre 1877 erlittenen Verluste waren für das Königshaus überaus schwer; aber sie entsprachen doch im allgemeinen der menschlichen Daseinsdauer, denn alle drei Verstorbenen hatten das siebzigste Lebensjahr überschritten. Prinzessin Georg aber wurde aus vollem, blühendem Leben ihrer Familie entrissen. Sie starb am Typhus den 5. Februar 1884. Obwohl in fremdem Lande geboren, zählte die Prinzessin durch Abstammung, wie durch Charakter zu den Töchtern sächsischen Stammes. Im Laufe der Jahre sprach sich diese Angehörigkeit immer stärker aus. Sie hatte dem Prinzen Georg fast 25 Jahre lang in Freud und Leid zur Seite gestanden und ihm sechs Kinder geschenkt, denen sie die liebevollste Mutter war. Sie war in ihrer Gottesfurcht, Bescheidenheit und in ihrem Sinn für eine wahrhaft christliche Häuslichkeit allen Gattinnen ein Muster, den Müttern aller Stände ein Vorbild. Die Teilnahme, welche ihr Tod hervorrief, ging weit über das sonst übliche Maß der Verehrung und des Beileids hinaus.

Die herzlichsten Beziehungen bestehen zwischen dem sächsischen Königshause und dem des deutschen Kaisers. Keine Gelegenheit, sei sie trauriger oder freudiger Art, geht vorüber, ohne dieselben zu bezeugen. Die Königin empfand warm mit dem deutschen Volke, als dieses seinen hohen Herrscher, Kaiser Wilhelm I., verlor: sie bewunderte die Standhaftigkeit, mit der dessen Sohn, Kaiser Friedrich III., die schwersten Leiden ertrug. Der freund= schaftliche Verkehr zwischen Kaiser Wilhelm II. und dem Dresdner Hofe ist ein reger und unausgesetzter.

Treue verwandtschaftliche Beziehungen, durch wiederholte Besuche gefördert, werden unterhalten mit den österreichischen, flandrischen, toskanischen, oldenburgischen, badischen und fürstlich hohenzollernschen Herrschaften, sowie mit den stammverwandten Fürstenhäusern Thüringens. Die Herzogin Mutter von Genua nimmt jeden zweiten Sommer Aufenthalt in Pillnitz, öfter war auch Prinz Thomas von Savoyen im Vaterlande seiner Mutter. Die Nichten des Königspaares, die leider so jung verstorbene edle und liebenswürdige Erzherzogin Antoinette und Prinzessin Amalie in Bayern, kamen oft auf längere Zeit, namentlich während die Königin Amalie noch lebte. Prinz Albert von Sachsen=Altenburg bewohnte bis zum Tode seiner Gemahlin den Albrechtsberg. Die Großherzogin von Mecklenburg=Strelitz bezieht zeitweise das Keppschloß. Fürst Heinrich XIV. Reuß jüngerer Linie bringt den Winter in Dresden zu. Die Herzogin Adelheid von Schleswig Holstein residiert in Dresden. Alle sind und waren dem Königspaare gern gesehene Gäste, ebenso der bis zu seinem Tode in sächsischen Diensten gewesene Prinz Alexander von Sachsen=Weimar. Prinzessin Auguste Viktoria, jetzige deutsche Kaiserin, die Prinzessinnen Caroline Mathilde und Feodore zu Schleswig=Holstein tanzten viel auf den Hofbällen. Die fremden Prinzen, welche im Vitzthumschen Gymnasium und im Kadettenhause erzogen wurden oder in Leipzig studierten, fanden immer ein freundliches Willkommen. Öfter kamen die Erzherzöge Ludwig

Viktor und Karl Ludwig, Prinz Leopold und Prinzeß Therese von Bayern zum sächsischen Königspaare. Ein intimer Verkehr herrscht zwischen diesem und dem Erbprinzen und der Erbprinzessin von Sachsen-Meiningen, wie dem Prinzen und der Prinzeß Friedrich von Hohenzollern.

Die Oberhofmeisterin der Königin Amalie, Frau Therese von Globig, geb. von Weißenbach, trat bei der Thronbesteigung zu Königin Carola über und erfüllte bei ihrer neuen Herrin eine längere Reihe von Jahren mit vornehmem Anstande die Pflichten ihrer Stellung. Der Dienst war für die schon ältere Dame nicht ohne Schwierigkeit, da das Leben an dem jungen Hofe sich viel frischer als an dem alten gestaltete. Ausgezeichnet eignet sich die jetzige Oberhofmeisterin Louise von Pflugk, geb. von Thielau, für diesen wichtigen und schwierigen Platz. Große Anmut des Äußeren und des Wesens ist bei ihr mit wahrer Güte, hilfreichem Wohlwollen und seltener Höflichkeit verbunden. Bereits im Jahre 1871 war bei den Damen der Königin ein Wechsel eingetreten. Gräfin Irma Wallwitz hatte im März ihren Abschied erbeten, Gräfin Helene Wallwitz und Fräulein Helene von Tschirschky verließen im Herbste den Dienst, beide, um sich zu verheiraten. Nur kürzere Zeit waren im Dienste die Hofdamen Gräfin Marie Einsiedel, Gräfin Anna zu Waldburg-Zeil-Trauchburg, Marie von Fabrice, Hermine Freiin von Palm, Antonie Freiin von Lützerode, Franziska Gräfin von Strachwitz und Eva Freiin von Miltitz. Alle, durch äußere Erscheinung und inneren Wert ausgezeichnet, verließen ihre Stellung bereits nach wenigen Jahren, um in den Stand der Ehe zu treten. Die Königin hatte den Kummer, die Hofdame Else von

Carlowitz, ein liebes, anmutiges Wesen, eigentlich dazu geschaffen, leicht und fröhlich durchs Leben zu gehen, nach langem Leiden 1893 durch den Tod zu verlieren. Im Dienste befinden sich jetzt Gräfin Clementine Einsiedel, seit zwanzig Jahren die treue und kluge Begleiterin der Königin, und die jüngste Hofdame, Gräfin Gabriele Reuttner von Weyl, eine geborene Württembergerin, die sich in ihrer neuen Heimat bald die Herzen zu gewinnen wußte. Seit 1893 sind bei dem Hofstaate der Königin vier Hoffräulein angestellt.

Als beim Regierungsantritte des Königs Hofmarschall von Senfft die Oberstallmeisterstelle erhielt, trat Kammerherr Karl von Lüttichau als Oberhofmeister in den Dienst der Königin, zugleich als Kämmerer in den des Königs. Er gehörte zu den hervorragendsten und sympathischsten Persönlichkeiten des Hofes. „Le beau Charles" war sein Gesellschaftsname in der vornehmen Damenwelt gewesen. Groß, von schönem Wuchs und edler Erscheinung, fühlte sich jeder von ihm angezogen und gefesselt. In seiner Jugend hatte er in der diplomatischen Laufbahn gearbeitet und kannte die Welt. Dabei fehlte ihm nicht ein idealer Zug. Im französischen Kriege hatte er sich als Johanniter in aufopfernder Weise der freiwilligen Krankenpflege gewidmet. Seine Wahl zu dem wichtigen Vertrauensposten konnte keine bessere sein, er füllte diesen in feinfühligster und wirksamster Weise aus und zeigte sich stets als ein Mann von Verstand, Herz und guter Erziehung. Er mußte im besten Mannesalter aus diesem Leben scheiden. Oberhofmeister Werner von Watzdorf trat an seine Stelle. Ein ebenso geistreicher, wie liebenswürdiger Mann, wurde er nach einigen Jahren als Staats-

minister an die Spitze des Finanzministeriums berufen. Sein
Nachfolger, Theodor von Malortie, war Offizier und hatte sich
beim Sturme auf St. Privat den Heinrichsorden erworben. Ge=
sunder Menschenverstand, Geradheit, Freundlichkeit und guter
Geschmack zeichnen ihn aus. Es sind zwanzig Jahre, daß Hans
von Minckwitz der Königin als Kammerherr dient. Ein tapferer
Soldat, ein einfacher und redlicher Mann, ernsten Sinnes, kann
die hohe Frau keinen anhänglicheren Diener haben.

Das Leben bei Hofe.

Der Rahmen, in dem sich das thatenreiche und abwechselungs=
volle Leben der Königin alljährlich bewegt, ist ein ziemlich fester
und gleichmäßiger.

Am Neujahrstage verweilt das Königspaar im Schlosse zu
Dresden, wohin um die Jahreswende das Hoflager von Strehlen
verlegt wird, und nimmt in der hergebrachten Form die Neu-
jahrsbeglückwünschung entgegen. In der Defilierkur beim Hof-
spiel ist noch ein Teil des Ceremoniells vergangener Zeiten auf
die unsrige gekommen.

Das Königspaar war am 16. Dezember 1874 aus dem
Mittelpalais am Taschenberg in das Schloß gezogen. Bei An=
laß der Wettinfeier 1889 legten die Stände des Landes die
Mittel zu einem äußeren Umbau des Schlosses in die Hände
des Königs; es hat seitdem sein altes Kleid der Frührenaissance
wieder angelegt und ist auch innerlich fortgesetzt verschönert
worden. Im Residenzschlosse bewohnt der König Gemächer im

erſten Stock des Georgenbaues, während die Königin die darüber im zweiten Stock gelegene Wohnung inne hat. Sie ist im Stile Louis XVI. fürstlich eingerichtet; es fehlt ihr aber die Sonne, eine große Entbehrung für die Gesundheit und das Wohlbe=finden. Die Königin ist im Vergleich mit Strehlen hier zwischen Mauern eingeengt; es fehlt die Möglichkeit, rasch in die frische Luft zu gelangen. Das Schloß liegt ohne Garten im Mittel punkte der Stadt, im Lärm des Verkehrs. Um ins Freie zu kommen, bedarf es des Hinabsteigens vieler Stufen und einer längeren Wagenfahrt.

Das Quartier der Königin enthält ein Möbel, welches wohl in keinem anderen Schlosse anzutreffen sein dürfte. In einer Fensternische steht ein einfach lactierter Schrank, der nicht zu der übrigen Einrichtung paßt. Für seinen Zweck diene folgende Er=klärung. Unter den Armen, deren die Königin sich persönlich annimmt, sind auch Rekonvalescenten, welche zwar keine Arznei mittel mehr, wohl aber stärkende, nahrhafte Kost gebrauchen. Schickt man diesen Leuten Essen und Wein in ihre Wohnungen, so nimmt gewöhnlich die ganze Familie teil an dem Gespendeten, und die Genesenden kommen zu kurz. Die Königin hat es nun so eingerichtet, daß sie ihr und des Königs Gabelfrühstück bei sich anrichten läßt und für diese Mahlzeit immer ein kräftiges Fleischgericht, gewöhnlich einen Braten mehr bestellt, als ihr Be=darf ist. Diese Speise wandert in den Eisschrank in ihrem Zimmer, während der gewöhnliche Abhub der Dienerschaft ge=hört. Eine Flasche Wein läßt sich auch leicht beschaffen. Dann werden die Nahrungsbedürftigen in ihre Kammer bestellt und mit einem guten Stück Braten und einem Glase Wein an Ort und Stelle unter der eigenen Kontrolle der Königin abgespeist. Wer hat wohl in seinem eigenen Zimmer einen Speiseschrank für die Armen?

In die ersten Monate des Jahres fällt die Zeit der großen Hoffeste. Da öffnen sich die weiten Räume zu glänzenden Festen, die den Thron mit königlicher Pracht umgeben. Auf der in Weiß und Gold gehaltenen Haupttreppe und durch eine lange, reich geschmückte Gallerie erreichen die Gäste die 1885 wesentlich erhöhten Paradesäle im zweiten Stock. Der mit zier= lichen Decken und Wandschmuck ausgestattete weiße Stucksaal dient zum Versammlungs= und Empfangsraum. Im großen Ball= saale mit mächtigen Kronleuchtern aus Kryftallglas und Möbeln in Gold und Blau sind die Decke mit dem farbenreichen Ge= mälde von Schulz, die oberen Wandflächen mit den Bende mannschen Fresken geschmückt; die untere Wandhälfte ist mit poliertem rotem Marmor bekleidet. Der Ballsaal ist mit dem Bankettsaal durch das Turmzimmer verbunden, in dem die wertvollsten Meißner Porzellane Aufstellung gefunden haben. Auf den Bankettsaal mit reich vergoldeter brauner Holztäfelung, Bendemannschen Fresken und rotseidener Einrichtung folgt der mit dunkelroten Sammettapeten und Spiegeln ausgestattete Thronsaal. Ihm schließt sich eine Flucht von Saalzimmern bis zum Thronsaale August des Starken an. Neuerdings ist alles mit elektrischem Lichte erleuchtet.

Zu den Bällen ergehen besondere Einladungen. Es werden Hof= und Kammerbälle unterschieden. Die Hofgesellschaft hat sich fortgesetzt vergrößert; bei den Hofbällen versammeln sich jetzt bis zu 900, bei den Kammerbällen etwa 300 Personen. Der

9*

Hof tritt, gefolgt vom großen Dienste, ein und hält einen halb
stündigen Cercle. Das Tanzen beginnt mit einer Polonaise, an
der nur die anwesenden Prinzen und Prinzessinnen, die Ge=
sandten und Minister teilnehmen. Der Oberhofmarschall schreitet
voran und giebt nach kurzem Umgange das Zeichen zum Ein=
fallen eines Walzers, welcher der tanzlustigen Jugend die Er=
laubnis erteilt, zu beginnen. Das Souper ist für die hohen
Herrschaften und für die beiden oberen Hofrangordnungen im
Thronsaale, für die übrige Gesellschaft im Bankettsaale und an=
deren Räumen an großen Büffetts gerichtet. Die Kammerbälle
fanden früher in dem reizenden, zur Wohnung der Königin ge=
hörenden Marmorsaale statt; das Anwachsen der Gesellschaft
war die Ursache, daß sie ebenfalls in den großen Ballsaal ver=
legt worden sind. Die Gesellschaft ist ausgewählter und kleiner.
Das Souper wird sitzend eingenommen.

Während des Winters finden am Hofe eine Anzahl große
Diners statt, zu denen die obersten Staatsbeamten, Generale und
ausgezeichnete Fremde eingeladen werden, zu Zeiten der Landtage
und der Synode auch deren Mitglieder. Diese Diners sind
immer sehr schön und die Tafeln geschmückt mit den unüber=
trefflichen Schätzen an Gold=, Silber= und Porzellangeräten des
Königshauses, zu denen in neuerer Zeit der herrlichste Blumen=
schmuck getreten ist. Es folgen ihnen lange Cercles. Auch nach
den im Herbst und Winter meist zweimal wöchentlich stattfinden=
den Jagden sieht der König die hierzu Geladenen an seiner Tafel.

Diese Geselligkeit im großen Stile stellt hohe Anforder=
ungen an die Fürstin, welche an ihrer Spitze steht. Jeder=
mann erfreut sich der Liebenswürdigkeit der Königin, ihres fürst=

lichen Anstandes, ihrer würdigen und zugleich anmutigen Art und ihrer immer gleichen Freundlichkeit. Sie spricht mit vielen der Geladenen; bei den weniger zahlreich besuchten Festen werden an jeden Einzelnen Worte gerichtet. Sie geht dabei mit Teilnahme in Familienverhältnisse ein und sagt immer etwas Verbindliches. Die Angesprochenen wissen diese Liebenswürdigkeit des Herzens zu schätzen und sehr gut von den gebräuchlichen banalen Redens- arten zu unterscheiden. Ausländer bewundern ihr elegantes Französisch und ihr geläufiges Englisch. Sie ist keine Königin der Mode, da sie die ihr zur Verfügung stehenden Mittel den Notleidenden zuwendet; aber ihr Kleid ist geschmackvoll und gediegen, sie überschüttet ihre Gäste mit dem Feuer der prachtvollsten Edelsteine. Die Königin ist immer be- strebt, Abwechselung in die Unterhaltung der Gesellschaft zu bringen. Durch Aufführung lebender Bilder und dramatischer Scenen sucht sie den Sinn für das Schöne zu wecken. In kleineren Abendgesellschaften wünscht sie eine ungezwungene Aus- sprache über die Tagesfragen, über Reisen, Kunst und Litteratur.

Die Feste der höchsten Staatsdiener genießen die Ehre, von dem Königspaare besucht zu werden. Kriegsminister Graf von Fabrice wurde nach 1866 mit Wahrnehmung der Repräsentations- pflichten der Staatsregierung betraut. In den Räumen des Ministerhotels auf der Seestraße versammelte er um den sächsischen Hof und seine erlauchten Gäste die Dresdner erste Gesellschaft mit ihrer Fremdenkolonie, Vertreter der Wissenschaft und der Kunst, des Geistes und der Schönheit zu Bällen, Routs, Kostümfesten und Theatervorstellungen. Die hervorragende Persönlichkeit des Wirtes und die Liebenswürdigkeit seiner Gemahlin waren bis weit über die Grenzen des Sachsenlandes bekannt. Nach dem Tode des Grafen Fabrice 1891 gingen die Pflichten der gesellschaftlichen Repräsentation auf den Minister des Innern von Metzsch über, und er, sowie Frau von Metzsch erfüllen sie in gleich vortrefflicher Weise wie ihre Vorgänger.

Von Interesse für Kunst und Wissenschaft erfüllt, nimmt die Königin an allen geistigen Bestrebungen lebhaftesten Anteil. Die Kunstinstitute, Kunstsammlungen und Ausstellungen, welche in neuerer Zeit einen so mächtigen Aufschwung nahmen, haben in ihr eine Freundin und Gönnerin. Unter ausgezeichneter Leitung gehören die Hoftheater zu den ersten Bühnen der Welt.

Strehlen blieb der bevorzugte Wohnsitz des Königspaares. Sowie die Sonne Anfang April anfängt, ihre belebende Wirkung zu äußern, wird die wohnliche Villa bezogen, welche im Laufe der Jahre fortgesetzt vergrößert und verschönert worden ist und jetzt einen stattlichen Besitz darstellt. König und Königin wohnen nebeneinander im ersten Stock. Im Erdgeschoß befinden sich die Gesellschaftsräume. Es ist nicht aufzuzählen, was in den Zimmern sich an hübschen, prächtigen, zierlichen und interessanten Gegenständen befindet. Schöne Bilder, prachtvolle Blumen, Familienandenken und Reiseerinnerungen reihen sich aneinander. Die freundliche Aussicht in den Garten, die durch die Fenster ungehindert hereinstrahlende Frühlingssonne, das hell lodernde Kaminfeuer an herbstlichen Tagen erhöhen den Zauber der reichen und geschmackvollen Einrichtung.

Vom Dienste wohnen nur die Hofdamen und ein Adjutant in Strehlen. Die Hauptmahlzeit führt den kleinen Kreis zusammen. Sie wird nicht länger ausgedehnt, als es die vier

Gänge, die zur Hausordnung gehören, erfordern. Der Verkehr ist ein ungezwungener. Der König führt im wesentlichen die Unterhaltung; er liebt nicht langweilige Leute, noch weniger aber solche, welche die Konversation an sich reißen wollen. Er beherrscht alle Gesprächsgegenstände, hat jedes Buch von Bedeutung gelesen und sich dessen Inhalt in sein vorzügliches Gedächtnis eingeprägt. Er besitzt die Gabe, mit jedermann den rechten Ton zu treffen, mit dem Beamten wie mit dem Künstler, mit der Weltdame wie mit dem jungen Mädchen. Dabei tritt stets die wohlwollendste Herzensfreundlichkeit hervor und eine Ungezwungenheit, welche jedoch nie die von ihm eingenommene hohe Stellung zu vergessen erlaubt.

Mehrere Stunden nach Tisch werden im Garten zugebracht, der sich im Laufe der Jahre bei sorgfältigster Pflege herrlich entwickelt hat. An der Nordostecke desselben stehen zwei Eichen, die König und Königin als Eicheln in die Erde legten und die zu stattlichen Bäumen heranwuchsen.

Zu Ostern veranstaltet die Königin für die Kinder ihr näher bekannter Familien und für die Zöglinge des Josephinenstiftes Eiersuchen. Am Schlusse des Festes wird Chokolade gespendet. Die Kinder, die wie Orgelpfeifen aufmarschierten, strahlen über die unerschöpfliche Lust der hohen Hausfrau am Geben und Erfreuen.

König und Königin haben große Freude an Hunden; mehrere dieser treuen Gefährten sind stets in ihrer Nähe.

Königs Geburtstag, am 23. April, wird in Strehlen gefeiert; im ganzen Sachsenlande wird er als Festtag begangen. Die Musikchöre der drei Dresdner Regimenter, deren Chef der König ist, bringen eine Morgenmusik. Den Hauptteil der Feier bildet die Parade über die verstärkte Dresdner Garnison auf dem Alaunplatze. Die Königin wohnt ihr zu Wagen bei. Die zu einem Volksfeste gewordene Parade ist ein hervorragend schönes militärisches Schauspiel. Der eng umschlossene Platz, die prächtigen, glänzenden Truppen, der bewaldete Hintergrund mit der schloßähnlichen, im Flaggenschmucke prangenden Schützenkaserne geben ein heiteres und belebtes Bild. In den letzten Jahren überraschte meist der Kaiser das Königspaar mit seinen persönlichen Glückwünschen. Es findet Familientafel statt, und abends beehren die hohen Herrschaften die bei dem repräsentierenden Minister versammelte zahlreiche Gesellschaft mit ihrer Gegenwart.

Wenn die Sonne beginnt, ihre goldenen Strahlen heißer in das Elbthal zu senden, begab sich das Königspaar bis etwa zum Jahre 1884 auf kürzere Zeit nach dem dann noch in Frühlingsschmuck gekleideten Rehefeld. Im Erzgebirge, im oberen Thale der Wilden Weißeritz, dicht an der böhmischen Grenze liegt das freundliche Jagdhaus. Man erreicht es nach kurzer Zeit auf der von dem Eisenbahnhaltepunkte Hermsdorf dahin führenden guten Straße. Wo diese, der „Hemmschuh", zu fallen beginnt, öffnet sich der Wald, und unten am Hange der jenseitigen Thalwand liegt, ein echtes Gebirgsbild, das erkergeschmückte Jagdhaus und daneben, an die Bergkirchen des Südens erinnernd, die kleine Kapelle mit ihrem Holztürmchen. Den Hintergrund bildet der dunkle, mächtige, schier endlos sich dehnende Nadelwald. Er überragt und beschattet Haus und Kapelle, grüßt in die Fenster hinein, sein Rauschen nur unterbricht die Stille des Thales. Vor dem Hause breitet sich, erst zur Thalsohle sich senkend, dann wieder bis zum Waldrande sich hebend, die grüne Thalmulde, durch die mit der flüchtigen Schnelle der Jugend die forellen reiche Weißeritz fließt. In der Mulde liegen an dem Landwege, der den Bach begleitet, einzelne schlichte, aber freundliche Häuser, hier ein kleines Bauerngehöft, dort die schmucke Oberförsterei, da eine klappernde Schneidemühle. Jenseit der Wiesenhänge, thalauf und thalab, ist des Bildes Umrahmung und der Berge Krönung der stille, weite, wunderbare Gebirgswald. Vom geräumigen Vorplatze des Jagdhauses ähnelt der Ausblick demjenigen in das Wiesenthal eines Hochgebirges. Dem Jagdhause, das außer Erdgeschoß und Dachräumen nur ein Obergeschoß hat, drücken die beiden Erkerbauten, die Ziergiebel an den Dachfenstern, die gleichmäßig rötliche, dunkle Holzverkleidung sein eigenartiges Gepräge auf. Die innere Einrichtung entspricht der Bestimmung des Hauses. Die Zusammenkunfts und Wohnräume sind klein und traulich, eingerichtet zu fröhlichem Beisammensein nach den Freuden und Anstrengungen des edlen Waidwerkes, nur geschmückt mit prächtigen Geweihen. Klein und einfach sind auch die Schlafräume. Im Eßzimmer zieht sich um den mächtigen Kachelofen die gemütliche Ofenbank.

Fast regelmäßig zieht sich jetzt Anfang August das Königspaar auf einige Tage nach Rehefeld zurück, um den Todestag des Prinzen Wasa am 4. August und den Geburtstag der Königin am 5. August in der Stille zu verleben. Da lieben es König und Königin, ohne jede Begleitung und nur von Mitgliedern der Familie umgeben zu sein. Auch bei den herbstlichen Jagdaufenthalten des Königs besucht ihn die Königin und erscheint bei dem an einem der schönsten Punkte des Reviers oder in einer

grünen Tannenhütte angerichteten Frühstück, um nach demselben die
braven, hochgeweihten Hirsche, die der König erlegte, auf der
Strecke in Augenschein zu nehmen. Letzteres thut sie nur mit
gewißem Widerstreben, im Gefühle des Mitleids für die ihr
liebe Tierwelt des Waldes. Mitunter wird das Gebirge
auch in seinem winterlichen Schmucke aufgesucht. Wenn auf
dem Rehefelder Revier das Wild an die Fütterungen „im Kohl=
gründel" und „im Heckenfluß" getreten ist, fährt das Königspaar
wohl zu dem Oberförster, um von der Futterhütte aus
die Hirsche und das Mutterwild zu beobachten. Es liegt meist
tiefer Schnee, und die Zweige der Fichten senken sich unter der
weißen Last. Es ist ein reizendes Bild, welches das sich frei
bewegende und äsende Hochwild darbietet; und wie schön ist dabei
der frische, glitzernde Winter im Gebirge!

Das Königspaar hat viele frohe Tage in Rehefeld verlebt,
einmal fern von verantwortungsreicher Arbeit, in kleinem Kreise,
als fürstliche Sommerfrischler. Besonders erfrischten die reine Luft
und das krystallhelle Wasser. Auf dem runden Mittagstische er=
schienen die Gebirgsforelle und der Hirschziemer, die Erd= und
Heidelbeere, der gebirgische Zopf und das böhmische Bier. Die
Spaziergänge ergaben eine reiche Beute verschiedenartigster Wald=
und Wiesenblumen. Spannend war der Sport des Pilzesuchens,
und wie gut mundete ein Gericht selbstgefundener Rot= und
Braunhäuptel, Steinpilze oder Gälchen. Regnete es, und dies
soll im Gebirge zuweilen vorkommen, so verging die Zeit bei
Gesellschaftsspielen; einst wurde gar ein Kuchen selbst gebacken,
der zwar etwas derb ausfiel, aber doch verzehrt wurde. Auch
hier im fernen Gebirge ist Wohlthun der Königin Freude. Sie

schenkte der Gemeinde, die ihre Toten weit entfernt beerdigen mußte, einen Kirchhof und versammelt die Kinder der Gegend zu frohen Festen, bei denen unzählige Butterjemmeln gestrichen werden müssen. Es sind harmlose einfache Verhältnisse, die in der herrlichen Natur das in der hohen Kultur der großen Welt ermüdete Herz erfrischen.

Der Frühlingsaufenthalt in Rehefeld kam in Wegfall, als 1884 König Albert von Herzog Wilhelm von Braunschweig Schloß Sibyllenort mit sämtlichen in Schlesien gelegenen Besitzungen freien Eigentums des Herzogs geerbt hatte*). Das sächsische Königspaar nimmt jetzt alljährlich im Frühling und Herbst in Sibyllenort einen längeren Aufenthalt.

In dem alten Fürstentum Öls, unweit Breslau, liegt Schloß Sibyllenort; an den Park schließt sich die Ortschaft gleichen Namens an, ein Dorf mit schlichten Bauerngehöften und einzelnen freundlichen Landhäusern. Das Schloß ist im Tudorstile mit vorwiegend flachem, mit Zinnen gekröntem Dache erbaut. An den Mittelbau, der mit seinen beiden Ecktürmen und einem hohen Aussichtsturme am meisten ins Auge fällt, gliedern sich die übrigen an vielen Ecken turmartig gestalteten Gebäudeteile gruppenweise an. Das Ganze aber, wenn auch von verschiedenen Größenverhältnissen in seinen einzelnen Teilen, bildet ein einheitliches großartiges Bauwerk. Das Innere ist in geschmackvoller Art eingerichtet worden, die Königin namentlich hat mit hohem Kunstsinn zahlreiche Verschönerungen angeordnet. Besonderen Reiz verleiht dem Schlosse seine Lage in einer

---

*) Näheres in: „König Albert und das edle Waidwerk."

anmutigen Gegend. Auf allen Seiten ist es von prächtigen
Garten- und Parkanlagen umgeben, welche meist unauf-
fällig in den äußeren Park übergehen, wo sich ausgedehnte
Wiesenflächen, von Baumgruppen und einzelnen Bäumen, meist
mächtigen Eichen, durchsetzt, kleinere und größere Laub- und
Nadelholzbestände aneinanderreihen. Als hervorragend schön
ist die Gegend östlich vom Schlosse zu bezeichnen, die von dem
meist schmalen, stellenweise aber auch sehr breiten Schloß-
teiche, dessen Wasserfläche Schwäne und ostfriesische Lockenten
beleben, durchzogen wird.

In der Regel in den ersten Tagen des Monats Mai bezieht
das Königspaar Schloß Sibyllenort. Die Natur hat ihr Früh-
lingskleid angelegt und Menschenhand alles aufgeboten, um den
königlichen Wohnsitz in Blumen- und Blütenpracht erscheinen zu
lassen. Wenn König und Königin es wohl wissen, daß wahres
Glück unabhängig von irdischen Gütern ist, so erfreuen sie sich
doch ihres weiten eigenen Besitzes und der Möglichkeit, sich und
anderen dort Lebensgenuß zu bereiten. Die Königin nimmt als
Großgrundbesitzerin an allem regen Anteil, namentlich an dem
Wohle ihrer Gutsangehörigen, an dem Befinden der Notleidenden
in der ganzen Umgegend, für die sie eine hilfsbereite Wohlthäterin wurde.

Die hohen Herrschaften gestalten Sibyllenort zu einer Stätte
geistvoller und fröhlicher Geselligkeit. Es waltet die größte Gast-
freundschaft für die Gutsbesitzer der Nachbarschaft, für die hohen
Beamten der Provinz und die Offiziere der benachbarten Garni-
sonen. Häufig kommt auf längere Zeit fürstlicher Besuch. Es
kann keinen angenehmeren Hof, kein liebenswürdigeres Fürsten-

paar geben. Die schönen Frühlingstage werden möglichst im Freien verbracht. Promenaden zu Fuß oder zu Wagen wechseln mit Kahnfahrten. Der Gesang der Nachtigallen, der Duft zahlloser Maiblümchen in den frisch belaubten Gehölzen, das Leben und Treiben des zahlreichen Wildes entzücken den Naturfreund. Anfang oder Mitte Juni kehren König und Königin in die heimatliche Residenz zurück. Der König pirscht in Sibyllenort während des Frühjahrs auf Rehböcke; die Herbstjagden finden meist Ende Oktober statt; dazu werden zahlreiche Gäste geladen. Am Abend sind diese an der königlichen Tafel und in dem darauffolgenden Cercle um das Königspaar versammelt, denn auch die Königin kommt dann auf kürzere Zeit nach ihrem schlesischen Schlosse.

Seit im Juni 1765 die Kurfürstin-Mutter für sich und den jungen Kurfürsten Friedrich August Pillnitz zum „Sommerséjour" wählte, ist dieses der Sommersitz des sächsischen Königshauses geblieben. Das in reizender Gegend, am Fuße des Porsberges, dicht an der Elbe gelegene Schloß ist in chinesisch-bizarrem Stile erbaut. Berg- und Wasserpalais sind durch einen weiten, mit hoher Fontäne und ausgedehnten Blumenanlagen geschmückten Hof getrennt und nach Osten durch das nach dem Brande von 1818 erbaute sogenannte neue Schloß verbunden.

König und Königin bewohnen von Ende Juni bis Anfang September den westlichen Flügel des Bergpalais, der noch heute den Namen „Kaiserflügel" trägt, weil er während der Pillnitzer Konvention 1791 Kaiser Leopold II. beherbergte. Der große Salon der Königin und ein kleiner Eßsaal befinden sich im Mittelbau des Bergpalais. Der große Speisesaal im neuen

Schloß mit Oberlicht, welches durch eine auf Säulen ruhende
Kuppel einfällt, ist mit Fresken von Vogel von Vogelstein,
die anstoßende Flucht von Zimmern mit Ansichten italienischer
Städte von Canaletto geschmückt. Die beiden Flügel des neuen
Schlosses enthalten die Kapelle und zahlreiche Wohnungen des
Hofstaates. Das von König Johann bewohnte Wasserpalais
wird jetzt zu Fremdenquartieren benutzt.

Diese eigenartigen und doch fürstlichen Baulichkeiten sind
von ausgedehnten Gartenanlagen umgeben, welche den Charakter
verschiedener Zeiten tragen. Der nach Dresden zu liegende Teil
enthält die von vielfachen Kastanienalleen beschattete Maillebahn
und zahlreiche Charmillen. Zwischen dem Bergpalais und dem
nahen Höhenzuge wurden Gärten im englischen Geschmack mit
prachtvollen Baumgruppen, grünen Rasenflächen und Wasserläufen
angelegt. Vor der neuerbauten Orangerie entstand unter dem
besonderen Schutze des Königs eine Anpflanzung seltener schöner
Coniferen, während der große Hof die uralten, aus dem Dresdner
Zwinger hierher überführten Orangenbäume aufnahm und der
Blumen= und Teppichpflanzenkultur gewidmet wurde.

Trotz aller dieser Schönheiten liebt die Königin von
ihren Wohnsitzen Pillnitz am wenigsten, weil es gerade für einen
Sommeraufenthalt einer Hauptsache entbehrt: reiner, frischer
Luft. Im Elbthale, am Südfuße der Höhen gelegen, von hohen
Baumgruppen umschlossen, weht hier nicht der frische Hauch der
Berge und Wälder. Das Pillnitzer Leben verläuft ziemlich
gleichmäßig. Der Hof versammelt sich um eine der ersten Nach=
mittagsstunden zur gemeinsamen Hauptmahlzeit. Nach derselben
wird längere Zeit Lustkegel gespielt. Hierin ist der König

Meister, wie in allen Fertigkeiten, welche eine sichere Hand und ein scharfes Auge erfordern. Auch die Königin wirft mit Sicherheit „das Kreuz". Häufig werden nachmittags Ausflüge zu Wagen nach einem der vielen schönen Punkte der näheren Umgebung unternommen. Zur Abendmahlzeit, die im Salon der Königin eingenommen wird, findet sich alles wieder zusammen. Handarbeiten beschäftigen die Damen, während der König die Unterhaltung führt. Ein oder der andere schöne Sommerabend wird auf der Ruine, auf der Helfenberger Presse oder auf der Insel verlebt, wobei zum Übersetzen über die Elbe wohl noch einmal die an der Treppe des Wasserpalais auf dem Strome schaukelnden alten, prächtigen Gondeln Verwendung finden.

Vom Juli an bis zu den Truppenmanövern Ende August, in der Hirschfeist, jagt der König auf Hochwild im Erzgebirge, im Tharandter Walde, in der Sächsischen Schweiz oder auf der Dresdner Heide. Die letzten September- und ersten Oktobertage ist der König Gast des Kaisers Franz Joseph bei den Jagden in den Alpen. Die Königin nimmt zeitweise an dem Rehefelder Aufenthalte teil, kommt auch zuweilen zum Jagdmahle nach Schandau, nachdem sie wohl auch gelegentlich eine Wanderung durch einen Teil der schönen Sächsischen Schweiz unternommen hat. Dann ertönt Musik, die Elbufer erglänzen abends in heller Beleuchtung, und das kleine Städtchen am Elbstrome, auf welches der Lilienstein und der große Winterberg herabschauen, thut alles, um seinem Königspaare einen angenehmen Aufenthalt zu bieten.

Von Mitte Oktober an führen meist ein oder zwei mehrtägige Aufenthalte den König nach Wermsdorf; der November bringt die Moritzburger Tiergarten- und Holzjagden. Auch nach diesen beiden herrlichen Jagdschlössern folgt die Königin häufig ihrem hohen Gemahl.

König Albert befahl bald nach seinem Regierungsantritt, das alte, traute, von Kurfürst Johann Georg I. erbaute Jagd schloß Wermsdorf umzubauen und mit einer dem Jagdaufent= halt entsprechenden Einrichtung auszustatten. Bereits im Herbst des Jahres 1874 war der Umbau fertig; vom 14. bis 24. Ok= tober desselben Jahres bewohnte der König das Schloß erst= malig.

Wermsdorf ist während der Jagden der Sitz echten Jäger= lebens. Das ehrwürdige Schloß mit seinen dicken Mauern bietet dem hohen Jagdherrn und seinen Gästen ein geräumiges Unter · kommen. An kalten, regnerischen Herbsttagen sind alle Räume gut durchwärmt. Ist die Königin mit in Wermsdorf, so waltet sie, nach= dem die Jagdgesellschaft aufgebrochen ist, in fürstlicher Milde in den zahlreichen Anstalten christlicher Nächstenliebe des Ortes, in der Landes=Heil= und Pflegeanstalt. Sie erfreut zuweilen die Jagd= gesellschaft durch ihr Erscheinen bei dem an einer schönen Stelle des Waldes gereichten Frühstück, kommt aber regelmäßig zum Jagdmahle. Dieses wird in dem geschmackvoll ausgestatteten Mittelsaale des Schlosses aufgetragen, dessen Wände alte Bilder früherer sächsischer Herrscher und prächtige Geweihe zieren, dessen ·Deckenfries aber mit einem bildlich dargestellten Jagdzuge aus dem 17. Jahrhundert geschmückt ist. Nach der Tafel bleibt die Gesellschaft meist noch bis Mitternacht beisammen. Der König spielt mit einer Anzahl Herren das alte Jägerspiel „Grob= aus"; am Tische der Königin herrscht lebhafte Unterhaltung.

Ganz anders ist der Charakter des Moritzburger Schlosses,

welches sich mächtig über die waldige, teichreiche Gegend erhebt
und in seinen inneren Räumen zahllose, an die Pracht früherer
Jahrhunderte erinnernde Gegenstände birgt. Die Jagdtafel wird
in dem durch zwei Etagen reichenden weißen Prunksaale gerichtet,
dessen Wände 72 auf künstlich aus Holz geformten Hirschköpfen
befindliche natürliche Geweihe schmücken, keines unter 24, einzelne
von 32, 36 bis zu 50 Enden. Wunderbare, unschätzbare, sämtlich
von Meisterhand gearbeitete Trinkgefäße zieren die in hellem
Kerzenglanze erstrahlende Tafel. Auf der Moritzburg ist mancher
Tropfen aus den kostbaren Trink- und Willkommenpokalen getrunken worden. Der Hauptpokal aber, der seit den ältesten
Zeiten zum Willkommentrinken vorzugsweise in Gebrauch genommen wurde und in welchem noch heutigen Tages jedem das
Schloß Moritzburg zum ersten Male besuchenden Gaste unseres
Königshauses der übliche Willkommentrunk gereicht wird, ist von
der Natur selbst geformt. Die auf der rechten Stange eines
prachtvollen Hirschgeweihes von 36 Enden befindliche Krone
bildet einen natürlichen Becher, dessen zackiger Rand das Trinken
erschwert und, soll der Wein nicht verschüttet werden, es nur auf
eine besonders geschickte Weise geschehen läßt. Dieser natürliche
Pokal wird in den über das Willkommentrinken geführten Re-
gistern „das Geweih" oder „die Hirschstange" genannt. Diese
Register, in die jeder Gast des Jagdschlosses, dem die Ehre
zu teil wurde, einen oder mehrere Willkommen leeren zu dürfen,
seinen Namen einzutragen gehalten war, gewähren mit den verschiedenen Gedenksprüchen und anderen Angaben, welche sie enthalten, ein anschauliches Bild früherer Zeiten. Seit Mitte des
18. Jahrhunderts wurde beim Willkommentrinken nur der Name

eingetragen und eine Beurteilung, wie das Trinken geschehen, durch den hohen Jagdherrn. Die Königin leerte das Geweih am 13. Juli 1853 und trug hierauf ihren Namen in das Will= kommenbuch ein. König Friedrich August schrieb als Zensur darunter: „Der Neuvermählten ist man Nachsicht schuldig". — Die Königin liebt Moritzburg und nimmt öfter dort einen mehr= wöchigen Aufenthalt.

Die letzten vier Monate des Jahres bewohnen König und Königin wieder Strehlen, die Heimstätte gemütlichen Lebens. Hier begehen sie auch das Weihnachtsfest, soweit sie es nicht im Kreise der Familie des Prinzen Georg feiern.

Jahraus, jahrein treten manche Pflichten gleichmäßig und gewissermaßen unerbittlich an die hohe Frau heran. Viele Au= dienzen sind zu erteilen, die Zeit des Karnevals bringt außer manchen im Dienste der Wohlthätigkeit veranstalteten Festen die Subskriptionsbälle im Neustädter Hoftheater, welche sich große Verdienste um das gesellige Leben der Residenz erworben haben. Das Königspaar besucht alljährlich den Festplatz der Bogen= schützengesellschaft, das Dresdner Volksfest, wo es, von Abge= ordneten der Schützengesellschaft ehrfurchtsvoll empfangen, einige Zeit am Schießen teilnimmt und mehrere Schaubuden besucht. In der schönen Jahreszeit beanspruchen ferner das Großgarten= fest des Albertvereins, der Korso des Dresdner Reitvereins, die Rennen in Dresden und Leipzig, die Schlußmanöver der Armee, Veranstaltungen der verschiedenen Arten des Sports und zahlreiche Ausstellungen die Anwesenheit der Königin.

In den Wintermonaten nimmt die Königin Gelegenheit, so viel es ihre Gesundheit noch zuläßt, die gemeinnützigen Anstalten

— 147 —

Dresdens eingehend zu besichtigen: Stadtkrankenhaus, Kinder-
hospital, Siechenhaus, städtisches Versorghaus, Hohenthalsche Ver
sorganstalt, Bürgerhospital, Asyl für Sieche, Findelhaus, Magda
lenenstift. Mit Ostern kommt die Zeit der Schulprüfungen, denen
die Königin in Bürger und Bezirksschulen, im Frauenschutz,
Lehrerinnenseminar, Pestalozzistift, Carolahaus, in den katholischen
Schulen und der städtischen höheren Töchterschule oft beiwohnt.
Besonders liegt ihr das Josephinische Mädchenstift am Herzen.
Bei der Fürsorge für dasselbe stand ihr Gräfin Pauline Nay-
hauß Cormons lange Jahre treu zur Seite. Überhaupt bekun-
det die Königin ein reges Interesse für das gesamte Gebiet der
Jugenderziehung, wie sie ja durch ihr leuchtendes Vorbild selbst
jederzeit eine Erzieherin ihres Volkes im besten Sinne gewesen ist.

Wohlthätigkeit.

Die Königin besitzt den ernsten Geist des Pflichtgefühls
und die wertvolle Treue im Kleinen. Als größter Lohn für
alles Thun und Schaffen erscheint ihr das Bewußtsein, ihre
Pflicht erfüllt zu haben. Die Ansprüche, welche an sie in ihrer
hohen Stellung herantreten, sind groß, und vieles, was dem
Fernstehenden als glänzendes Vergnügen erscheint, ist die Er
füllung nicht leichter Pflichten. Bei dem Durst nach Geld und
dem Drang nach Wohlleben, bei der Mißachtung des Guten
von seiten der Menge findet das Ideale schwer Platz, um seine
Flügel zu entfalten. Trotzdem greift die Königin in das Leben
ein; sie erhebt das Banner, unter dem sich die Besseren sammeln

10*

sollen. Sie nimmt den Kampf auf gegen die Gleichgiltigkeit, gegen den kleinlichen, genußsüchtigen Egoismus unseres Zeitalters. Sie sucht vorurteilslos zu sein, wenn Neid und Selbstsucht ihr Wesen treiben, wenn dienstfertiger Klatsch sich ihr nähert. Sie findet noch Männer und Frauen, welche nicht für sich Vorteile erlangen wollen, sondern ihr Verdienst darin suchen, anderen zu nützen. Sie weiß den Ehrgeiz und die Eitelkeit zum Dienst für die gute Sache heranzuziehen. Die Königin ist ihr eigener Minister. Sie beratschlagt mit Klugheit, Bestimmtheit und Umsicht. Ihre Pläne für das Wohl der Menschheit sind so mannigfaltig, daß deren Ausführung fast über ihre Kräfte geht.

Die deutsche Kaiserin Augusta wohnte dem zweiten Verbandstage der deutschen Frauen-Hilfs und Pflegevereine unter dem roten Kreuz bei, welcher vom 25. bis 27. April 1878 ab gehalten wurde, und sagte in der Versammlung: „Im Namen der Frauenvereine Deutschlands, deren Vertreter hier versammelt sind, danke ich Ihrer Majestät der Königin von Sachsen für ihre gütige Einladung nach Dresden und für das schöne Vorbild der Wohlthätigkeit, das sie uns gewährt."

Auch nach der Thronbesteigung war die Königin Präsidentin des Albertvereins geblieben und förderte unausgesetzt dessen weitere Entwicklung. In Frau Anna von Mensch, verw. Freifrau von Hausen, geb. von Ammon, hatte sie eine zuverlässige Stellvertreterin. Nach der Rückkehr des Friedens fand zunächst die Trennung der für den Krieg geschlossenen Verbindung des Albertvereins mit dem internationalen Männerverein statt. In der Würzburger Konferenz 1871 trat der Albertverein dem Verbande der deutschen Frauenvereine bei. Zu dem Carolahause, einem

vereinigten Mutter und Krankenhause, wurde 1876 der Grund-
stein gelegt und dasselbe 1878 eingeweiht. Krankenstationen
entstanden im Lande, zahlreiche Zweigvereine bildeten sich, die
deutsche Heilstätte zu Loschwitz wurde übernommen. Der Verein
entwickelte rege Thätigkeit bei Ausbruch der Cholera 1873 und
entsandte Albertinerinnen nach Rumänien und der Türkei im
Kriege 1877 78. Seit mehreren Jahren ist durch ihn auch die
Beaufsichtigung der Ziehkinder in Dresden übernommen worden,
um namentlich die geistige und sittliche Heranbildung derselben
zu überwachen. Albertinerinnen finden sich, mit sorgsamer Liebe
pflegend, an den Lagerstätten der Kranken überall im Lande.

Die Königin führt die Oberleitung im Zentralausschuß der
obererzgebirgischen und vogtländischen Frauenvereine, welche der
in den Natur- und Erwerbsverhältnissen dieser Landesteile be-
gründeten Unzulänglichkeit der öffentlichen Armenpflege durch
freie Wohlthätigkeit ergänzend nachhelfen.

Der Frauen- und der Johannesverein zu Dresden, der
Sächsische Pestalozziverein, das Dienstbotenheim, der Kinder-
beschäftigungsverein zu Neu- und Antonstadt und die Nähschule
in Leubnitz stehen unter dem Protektorate der Königin.

Der Frauenverein macht sich die Speisung altersschwacher,
kranker Armer, sowie die Wöchnerinnenpflege zur Pflicht, er
unterhält fünf Kinderbewahranstalten und drei Krippen.

Der Johannesverein umfaßt vier früher von der Königin
gegründete Vereine. Sein Nähmaschinenerwerbverein ist für den
Zweck gegründet worden, hilfsbedürftigen Frauen, welche einer
solchen Wohlthat würdig sind, die Anschaffung einer Nähmaschine
zu erleichtern und sie durch Unterricht im Gebrauche derselben

erwerbsfähig zu machen. Sein Daheim für Arbeiterinnen gewährt jungen Mädchen, die ein Unterkommen bei Angehörigen
nicht finden, gegen ein geringes Entgelt Wohnung, Kost und
Beaufsichtigung durch eine Hausmutter. Seine Vermittlungsstelle
für den Verkauf weiblicher Arbeiten besorgt den kommissarischen
Vertrieb weiblicher Arbeiten und die Lieferung solcher auf Be-
stellung. Sein Frauenverein für die zunächst der Stadt Dresden
gelegenen Ortschaften bezweckt die Unterstützung der Hausarmen,
die Begründung und Erhaltung von Kinderbewahranstalten, die
Pflege hilfsbedürftiger, verheirateter Wöchnerinnen, die Speisung
familienloser oder sonst bedürftiger Kranker. Um ein Beispiel
zu geben, wie dem Mangel an kleinen Wohnungen abzuhelfen
wäre, hat der Gesamt Johannesverein sechs Häuser erbaut, welche
von 144 Familien bewohnt werden.

Der Sächsische Pestalozziverein macht sich die Unterstützung
und Versorgung hilfsbedürftiger Witwen und Waisen vater-
ländischer Lehrer zur Aufgabe. Im Dienstbotenheim wird bedürftigen und unbescholtenen weiblichen Dienstboten Dresdens,
welche das 60. Lebensjahr überschritten haben, freie Wohnung,
Beköstigung und Behandlung in Krankheitsfällen gewährt.

Es ist selbstverständlich, daß die Königin den beiden katholischen Vereinen Dresdens nahe steht, dem Verein der heiligen
Elisabeth, der Zwecke religiöser Erbauung und der Armenpflege
verfolgt, und dem Vincentiusverein, welcher den Beruf hat, neben
der Linderung der leiblichen Not katholischer Glaubensgenossen
vorzüglich das religiös sittliche Gefühl der Armen zu fördern,
besonders aber für christliche Erziehung armer Kinder zu sorgen.

Fortgesetzt wendet die Königin ihre Gunst dem Dresdner

Hilfsverein zu. Dieser sucht verarmten, der Unterstützung würdigen Familien, Witwen und Waisen wieder aufzuhelfen. Der Verein besitzt eine Anstalt, deren Zweck ist, erwerbsbedürftigen Näherinnen und Strickerinnen Arbeit zu verschaffen und Bestellungen auf weibliche Arbeiten, hauptsächlich Wäsche, zu billigen Preisen auszuführen.

Die Königin hat drei Volksküchen errichten lassen, in Dresden, Friedrichstraße und Lößnitzstraße, und in Löbtau, in denen gegen geringe Bezahlung kräftiges Mittagessen verabreicht wird. Ihre letzte Schöpfung und ihr Eigentum ist das Sächsische Krüppelheim zu Trachenberge, eine Erziehungs= und Bildungs= anstalt für krüppelhafte, sonst aber körperlich und geistig gesunde, schulpflichtige Kinder.

Der Carolaverein zu Leipzig unterhält eine höhere Fach= und weibliche Gewerbeschule. Diese gliedert sich in eine höhere Fachschule, ein Seminar für Handarbeitslehrerinnen, eine weib= liche Gewerbeschule, eine Haushaltungsschule, eine Abendschule für unbemittelte Frauen und eine Abend=Koch= und Haushal= tungsschule. Nach dem Muster der Leipziger gründete die Königin in Schwarzenberg die Obererzgebirgische Fach= und Haushaltungsschule. Diese zerfällt in eine Frauen=, eine Abend= und eine Haushaltungsschule.

Eigentum der Königin sind ferner: das Amalienhaus mit Volksküche und Kinderbewahranstalt, das Gustavheim in Nieder= poyritz zur Versorgung alter gebrechlicher Personen und die Re= convalescentenstation zu Pillnitz, wo in der Sommerszeit eine Anzahl arme Frauen und Mädchen, welche nach ärzt= lichem Rate reine Luft und gute Nahrung genießen sollen,

verpflegt werden. Außerhalb Sachsens sind mildthätige Stiftungen
der Königin das Krankenhaus zu Guttentag und das Kinder-
heim zu Langenwiese, beide auf den schlesischen Besitzungen des
Königs, das Louisenhaus zu Morawetz und das zu Mann=
heim.

Diese der Wohlthätigkeit gewidmeten Anstalten sind es aber
nicht allein, welche die Fürsorge der Königin in Anspruch
nehmen, diese erstreckt sich außerdem noch auf alle Werke der
christlichen Nächstenliebe, welche in ihrem Bereiche entstehen und
gedeihen und deren sie sich mit Rat und That annimmt. Einen
unverhältnismäßig großen Teil ihrer Einnahmen wendet die
Königin ihnen zu, und Bazare, Ausstellungen, Konzerte, Theater=
vorstellungen, Bälle, Lotterieen zu wohlthätigen Zwecken erfordern
vielfach ihre Anwesenheit und persönliche Beteiligung.

Die anstrengendste Thätigkeit wird der königlichen Wohl=
thäterin aber durch das Weihnachtsfest auferlegt, wenn der alte
Striezelmarkt, der seit Jahrhunderten seine lustigen Bretterbuden
aufbaut, sich mit allem schmückt, was ein Kindesherz erfreut.
Da wird die Königin zum Christkind, das an viele Thüren
pocht und seine freundlichen Lichter anzündet. Es ist Weihnachten!
Denket der Kinder! Denket der Armen! Die Landesmutter hat
viele Kinder, viele Arme.

Schon Monate vor dem Feste beginnt die Königin, für
dasselbe zu sammeln und zu arbeiten. Sie sucht viele
Dresdner Geschäfte auf und bewirkt Einkäufe. Sie ordnet
an und arbeitet selbst. „Wie viele Frauenhemden können aus
einem Ballen Leinwand hergestellt werden?" fragte sie einst
eine in solchen Sachen wohlerfahrene Dame, und als diese

die Zahl angab, erwiderte die Königin scherzend: „Sehen Sie, dann bin ich doch sparsamer als Sie; ich habe reichlich eins mehr herausgeschnitten." Auf die Bemerkung, daß unausgesetztes Häkeln gesundheitsschädlich sein könnte, entgegnete die Königin: „Sie glauben aber auch nicht, was alles noch bis Weihnachten fertig werden muß; Sie wissen gar nicht, wie viele meiner lieben alten Mütterchen auf eine Kleinigkeit von mir rechnen."

Die Königin ist Meisterin im Einkochen von Früchten. Auf einem gedeckten Tisch stehen die Kasserolle auf Spiritusflammen. In ihnen werden die Früchte zu Mus verrührt. Als der König einst spät von der Jagd kommend in das noch hell erleuchtete Zimmer trat, äußerte er, es sei ihm noch nie eine so hübsche Hexenküche vorgekommen. Die Erzeugnisse der Kochkunst wandern zu Kranken und Armen.

Die Königin war meist an mehreren Orten bei der Weihnachtsfeier selbst anwesend, bei den Albertinerinnen, bei der Christbescherung für arme Kinder im Schlosse, im Gewerbehaussaale, die von der Stadt, in Pieschen, die vom Johannesverein veranstaltet wurde, bei der Bescherung für die Kinder der Näh- und Strickschule im Pfarrhause zu Leubnitz. Jetzt hat sie die Leitung eines Teils dieser Bescherungen ihrer Nichte, Prinzessin Mathilde, überlassen und dankt es ihr, daß sie diese Pflichten gern übernahm und mit Umsicht erfüllt.

Reisen.

Die Königin reist gern und versteht die Kunst zu reisen. Sie liebt die Natur und besitzt ein offenes Auge für sie. Sie liebt das Gebirge und seine gewaltigen Weiten, in deren klarer Luft man von Berg zu Berg, von Thal zu Thal die Perltöne einer Nachtigall hören könnte. Die Unendlichkeit der blauen Wogen des Meeres, die Farbentöne, welche ihm zu jeder Tageszeit andere Reize verleihen, entzücken die Königin, wenn sie auch den Aufenthalt in den Bergen demjenigen am Strande vorzieht. Wie schön findet sie das liebliche Hügelland im Feierkleide von Sonnenlicht und Wiesengrün in der Fülle des Laubes und der Blüten! Die Königin liebt reine Luft, Blütenduft und Vogelsang. Sie kennt die Poesie des Reisens. Sie durchstreift die Landschaft, geht auf Entdeckungsreisen nach romantischen Orten und alten Kirchen. Sie betritt diese ärmlichen Heiligtümer, wo der Friede herrscht, sie kniet nieder vor dem Altar, wo die kleine ewige Lampe brennt, und betet inbrünstig. Die Königin setzt sich an den Herd der Armut und läßt sich ihre Mühseligkeiten erzählen, sie verspricht wiederzukommen und Trost zu bringen. Und neben den unübertroffenen Wunderwerken der Natur erfreut sie sich an den großen Schöpfungen des Menschengeistes auf allen Gebieten der Kunst. Sie durchwandert ihre Werkstätten und Museen. Das Leben und Treiben der Städte beobachtet sie gern, sie flaniert in den Straßen und durchstöbert die Kaufläden.

Der Genuß des Reisens wird der Königin durch ihr Maltalent und durch ihre genaue Kenntnis der Pflanzenwelt erhöht. Es ist eine Freude, die schönen Bilder, welche die Natur bietet, skizzieren zu können und sie als Erinnerungsblätter zu behalten: das saphirblaue Meer, über dem sich der kornblumenblaue Himmel Italiens wölbt, den im Sonnenschein goldschimmernden deutschen Buchenwald, den Pinienhain, durch dessen dunkle Färbung das Meer hindurchleuchtet, die schroffen, schneebedeckten Berge Norwegens; alle diese Bilder prägen sich dadurch unauslöschlich in das Gedächtnis. Wie unerschöpflich ist die Flora der Alpen mit Edelweiß, Silberwurz, Ranunkel, Eisenhut, Alpenrose, Steinbrech, Alpenveilchen, Schneerose, Edelraute, dem duftenden Kohlröschen und dem Enzian mit seinen großen, tiefblauen Glocken. Reiche Beute bringt ein Plünderungszug in die Niederwälder der Alpenrose. An der Riviera erfreuen seltene Exemplare der Anemone, Narzisse und Orchis. Mit offenen Augen und offenem Herzen zu reisen, ist eine Lust.

Die Schilderung zweier Reisen der Königin unter vielen soll ein Bild von deren Vielseitigkeit geben, eine Reise nach dem Süden und eine Nordlandsreise. Inkognito reist das Königspaar unter dem Namen Graf und Gräfin von Plauen.

Die Königin erkrankte Mitte Oktober 1881 am Nervenfieber. Die Krankheit nahm einen schleichenden Verlauf und Leibarzt Dr. Fiedler konnte nur langsam ihrer Herr werden. Bis Ende November wurden Bulletins ausgegeben. Während des folgenden Winters mußte sich die Königin sehr schonen und konnte an der Geselligkeit des Hofes nicht teilnehmen. Um eine völlige Herstellung herbeizuführen, beschloß das Königspaar, einen längeren Aufenthalt während des Frühjahres 1882 an der Riviera zu nehmen. Die Königin reiste am 23. Februar, der König am 2. März nach Mentone ab.

Einer der schönsten Punkte der Riviera di Ponente ist Mentone. An der Bucht zwischen dem Cap Martin und dem Cap della Murtola baut es sich amphitheatralisch auf. Nach Norden durch die nahe an das Meer herantretenden Alpes Maritimes geschützt, von der wärmsten Frühlingssonne beschienen, kennt es die rauhe Witterung unserer nördlichen Zone nicht. Am 5. März empfing die Königin ihren hohen Gemahl am Ziel der Reise. Das Königspaar nahm im Hôtel des Iles Britanniques Wohnung, einem großen, stattlichen Gebäude, ziemlich hoch an der Westbucht gelegen. Die Aussicht von hier ist unbeschreiblich schön; die üppige südliche Vegetation des Carrei Thales umgiebt das Haus, hinter ihm erheben sich die Felsenmassen des Gebirges, vor ihm liegt das weite, dunkelblaue Meer. Es war das herrlichste Wetter. Mittags zeigte das Thermometer im Schatten über 20° C, die Nächte und Abende waren kühl, alles flüchtete vor 6 Uhr abends ins Zimmer, wo selbst noch ein Feuer im Kamin erwünscht war. Die Riviera ist das Blumenparadies; die Entwicklung ist im März meist so weit fortgeschritten wie bei uns im Juni, die Bäume hängen voll Orangen und Zitronen und blühen gleichzeitig, Kamelien, Rosen, Heliotrop blühen im Freien, Veilchen, Anemonen, Hyazinthen in allen Farben wachsen wild, und der Wind trägt oft eine Duftwelle daher.

Im Gefolge des Königs waren nur wenige Herren, in der Begleitung der Königin befanden sich der Oberhofmeister und die Gräfinnen Clementine Einsiedel und Fanny Strachwitz. Es waren zwei Hofdamen, wie für dieses Amt geschaffen, zwei schöne, hochgewachsene Erscheinungen. Gräfin Einsiedel blieb viele

Jahre die erste Hofdame der Königin. Sie ist eine hervorragende Persönlichkeit nicht nur durch ihr Äußeres, sondern durch ihr ganzes Wesen: bei allen Gelegenheiten zeigt sie einen sicheren Takt, der durch Zurückhaltung unterstützt wird. In der richtigen Auffassung ihrer Stellung schwankt sie nie; sie wird von dem Königspaare sehr geschätzt. Zu dem Kreise in Mentone gehörte noch eine Jugendbekannte der Königin, welche oft zu kürzeren oder längeren Besuchen bei ihr weilt, Gräfin Caroline Fünfkirchen. In einem zarten Körper wohnt ein Geist, der alle Menschen zu fesseln versteht. Ganz im Alter der Königin, ist ihr Herz jung und frisch: ihre geistreiche Unterhaltung, ihr feines Lächeln zeugen von Verstandesfülle und Humor, sie besitzt Frische und Originalität und doch zugleich eine große Herzensgüte. Wie eine werte Freundin wird sie von der Königin geehrt und geliebt.

Der König unternahm jeden Morgen eine längere Promenade in die reizende Umgebung und knüpfte oft dabei eine Unterhaltung mit den Bewohnern des Landes an. Die hohen Herrschaften waren bald keine Fremden mehr an der Riviera, im Vorbeigehen hörte man die Worte: „C'est la reine de Saxe, c'est le roi." Die Zeit zwischen dem Frühstück und der zu später Stunde eingenommenen Hauptmahlzeit wurde zu näheren oder weiteren Ausflügen benutzt. Spaziergänge führten in die verschiedenen bei Mentone einmündenden Alpenthäler, nach dem hochgelegenen Dörfchen Grimaldi, am Meere entlang nach den Roches Rouges oder nach Kap Martin. Die Besitzer der schönsten Gärten zeigten gern ihre Schätze dem hohen Paare, wohl wissend, welches Verständnis König und Königin für Garten- und Pflanzenkunde besitzen. Besonders schön waren die Gärten des Mr. Hanbury in La Murtola, des Monsieur Donnier in Cannes und des Grafen Chambrun in Nizza; in ihnen vereinigte sich die Vegetation der Tropen mit der des Nordens. Fahrten führten im Carrei Thale aufwärts bis in die Höhe von Castiglione, auf der Straße über den Col di Tenda nach Turin, einer Alpenstraße mit schroffer Gebirgslandschaft, sowie schönen Blicken nach rückwärts in die kultivierte Gegend und über das Meer; nach Dolce Aqua, einem Städtchen im Nervia Thale mit der Ruine einer Doria'schen Burg, dessen Schönheit aber echt italienischer Schmutz beeinträchtigt; auf der Corniche nach La Turbie, dem alten Römerkastell. Abends sangen und spielten dann im klarsten Mondschein vor dem Hotel die kleinen italienischen Musikbanden ihre Weisen.

Die Gesundheit der Königin kräftigte sich rasch. Sie nahm ihre Lieblingsbeschäftigung wieder auf, besuchte das Mentoner Thal oder Kap Martin und skizzierte in Öl die schönsten Punkte. Sie erwarb überall die Sympathien von hoch und niedrig. Es erschienen zehn dames de la halle aus Nizza und überreichten der Königin Blumensträuße. Als die Marktfrauen sich verab schiedeten, sagte die Wortführerin: „Dieu vous garde et le roi."

Die Königin von England war ebenfalls in Mentone, sie lebte mit ihrer jüngsten Tochter Prinzeß Beatrix und dem Prinzen Leopold zurückgezogen in der Villa des Rosiers, dem schön gelegenen Besitz eines reichen Engländers. Die hohen Herrschaften besuchten sich gegenseitig. Als Königin Viktoria mit ihren schellenbehangenen Mailänder Postpferden am Hôtel des Iles Britanniques vorfuhr, eilten alle in der Nähe wohnenden Engländer herbei, um sie zu begrüßen und den alten konser vativen, königstreuen Sinn ihres Landes zu bewähren. Der

Königin von England zu Ehren erschien auf einige Tage am
Strande das englische Panzerschiff „Inflexible" und entrollte die
großbritannische Flagge. Einer Einladung des Kapitäns folgend,
besichtigten König und Königin das interessante Schiff.

Mentone feierte am 21. März die Anwesenheit der fremden
Herrscher durch Illumination und Feuerwerk. Die amphitheatra
lisch ansteigende Stadt, sowie das im weiten Bogen an der
Ostbucht sich hinziehende Garavan waren glänzend beleuchtet,
auf dem hochgelegenen Kirchhofe funkelten Hunderte von Lichtern,
während auf den Bergen Höhenfeuer flammten. Dazu waren
alle Fahrzeuge im Hafen mit Lampions behangen, und elektrische
Lichter erleuchteten das Meer taghell. Diese Feerie wurde belebt
durch Musik, Gesang und prasselndes Feuerwerk; es war eine
wahrhafte italienische Nacht.

Zwischen Mentone und Nizza im Hafen von Villefranche
lag die französische Escadre d'évolution de la Méditerranée,
fünf mächtige Panzerschiffe: Colbert, Trident, Friedland, Marengo,
Redoutable mit dem Aviso Hirondelle. Admiral Krantz hatte den
König eingeladen, das Geschwader zu besichtigen, und dieser folgte
der Aufforderung. Doch nicht nur ernste Kriegsschiffe suchten
die Riviera auf, das dunkelblaue Meer war auch mit Dampf
und Segeljachten bevölkert. Im Hafen von Mentone lag die
reizende Jacht „Chazalie", ein mexikanischer Name, welcher „Stern
des Ozeans" bedeutet. Mrs. Leigh war die Besitzerin dieses mit
größtem Luxus ausgestatteten Fahrzeuges, das nur mit einem
eleganten Landhause verglichen werden konnte. Fünf Monate
lang hatte die Schiffsherrin mit der Jacht auf dem mittelländischen
Meere einen immerwährenden Frühling aufgesucht.

Die Küste zwischen dem Esterel Gebirge und der Roya ist ein kosmopolitisches Land, Nizza und Monte Carlo sind die Centren desselben, und alles geschieht hier, um die Fremden festzuhalten. Monte Carlo machen Natur und Kunst zu einem der schönsten Punkte der Erde. Nach einem Besuche des Erb prinzen in Monaco wohnten König und Königin der Vorstellung des „Hamlet" von Thomas im Theater von Monte Carlo bei. Es sangen Faure, die Albani und die Scalchi. Die nichts sagende Oper konnte nur durch diese Kräfte ersten Ranges ge nießbar werden. Die Sängerinnen erhielten die prächtigsten Blumen, Fräulein Scalchi ein mannsgroßes Blumenherz, von einem Pfeile durchbohrt. Der Wert der Gabe wurde durch das Gerücht abgemindert, daß sie aus dem „Palais Satan" käme, das heißt von der Spielbank angeboten würde, welche in Monte Carlo alles bezahlt.

Das Königspaar besuchte mehrmals die Herzogin von Hamilton in ihrer Villa zu Cannes. In Nizza waren Mitte März die Regatten, am 16. März, micarême. verbunden mit einer bataille de fleurs. Auf der weltbekannten Promenade des Anglais zirkulierten Hunderte mit Blumen geschmückte Wagen, deren Insassen sich mit Bouquets bewarfen, viele schöne Frauen und Mädchen, elegante Gespanne, und dabei erfreute ein Blumenreichtum, wie ihn nur dieser gesegnete Landstrich bieten konnte. Musik banden spielten, an den Seiten der Fahrstraße wogte die Volks menge, das Meer war belebt von unzähligen Fahrzeugen und Booten, und über all der Pracht lachte die warme Sonne und der blaue Himmel Italiens. Der offene Landauer des sächsischen Königspaares, mit Kamelien reich geschmückt, erhielt ein kleines

Banner als premier prix d'honneur. König und Königin wohnten
den Ruderregatten bei, sowie der Illumination und dem Feuerwerk, welche den Schluß der Feste bildeten. Vor dem Cercle
de la Méditerranée hatten sich auf der See alle Fahrzeuge
Nizzas eingefunden, alle beleuchtet. Viele bengalische Flammen,
elektrische Lichter, ein großartiges Feuerwerk erhöhten den Glanz
dieses nächtlichen Schauspiels. Kein Lüftchen regte sich, und
weithin erklangen die Weisen der Musikchöre.

In den letzten Tagen des März besuchte der König die
Herzogin von Genua in Turin; auf der Hinreise begleitete ihn
die Königin bis Bordighera mit seinen prächtigen Palmengärten,
wo, wie es der Araber verlangt, die Palme mit dem Fuß im
Wasser und mit dem Haupt im Feuer steht. Das Wetter war
fortgesetzt schön, nicht heiß, es wehte eine frische, kräftige Luft.
Die Osterwoche verlief still. Die Königin von England hatte
dem Könige das im Hafen von Mentone liegende Kanonenboot
„Cygnet" zu einer Fahrt die Küste entlang nach Nizza zur Verfügung gestellt. Obgleich am Gründonnerstag die See bei
starkem Südostwind sehr hoch ging, wurde die Fahrt doch ge-
wagt. Das Einschiffen war mit Schwierigkeiten verbunden, weil
das tanzende Boot nicht nahe an das auf den hohen Wellen
wogende Schiff gebracht werden konnte. Der König mußte mit
einem Sprung die Landungstreppe erreichen, und auch der Königin
gelang es erst nach mehrmaligen Versuchen, das Schiff zu be-
steigen. Das schmale Kanonenboot rollte sehr, so daß einige
Personen des Gefolges seekrank wurden und froh waren, als das
Schiff um das Kap St. Jean herum in das ruhigere Wasser
der Baie des Anges einbog. Die Fahrt auf dem saphirblauen

Meere mit seinen weißen Kämmen, an der malerischen Küste entlang, zählt sicher zu den schönsten Touren in dieser an Schönheit so reichen Gegend.

Es konnte nichts Herrlicheres geben als die Corniche. Drei Monate südlicher Sonne hatten eine unvergleichliche Pracht der Vegetation, ein Überquellen des Lebens, einen unbeschreiblichen Farbenglanz erzeugt. Das für alles Schöne empfängliche Königspaar genoß diesen südlichen Frühling; es kehrte zurück, als das Frühjahr an den Ufern der Elbe erwachte, der deutsche Frühling, um so schöner, weil er auf einen Winter folgt, der an der Riviera fremd ist. Frohe Frühlingslieder werden nur im Norden gesungen. Am Ostersonntag nachmittag verabschiedeten sich König und Königin bei den englischen Herrschaften, und Ostermontag früh standen die Wagen zur Abreise bereit. Viele, viele Blumen wurden den Scheidenden von den zum Abschied anwesenden Sachsen und zahlreichen Fremden überreicht zur Erinnerung an das Land der Sonne und der Blumen. Die Reise führte zu Wagen an der Riviera entlang über San Remo und Alassio, wo Nachtquartier war, nach Savona und Genua. Die Eisenbahnfahrt von hier nach Varese wurde in Pavia unterbrochen, um die berühmte Certosa zu besuchen, jetzt Nationaleigentum und verlassen von ihren gelehrten, kunstsinnigen Bewohnern.

Die Gesundheit der Königin war gekräftigt, die hohe Frau nahm indes noch auf einige Zeit Aufenthalt in einem gemäßigten Alpenklima, um die Rückkehr nach der Heimat und den damit verbundenen Wechsel in den klimatischen Verhältnissen vorzubereiten. Es wurde das zwischen dem Comersee und dem Lago maggiore etwa 400 m über dem Meere gelegene und durch seine

Lage sowohl, als durch seine Umgebung zu einer derartigen Zwischenstation geeignete Varese aufgesucht. Den Tag nach der Ankunft im Grand Hôtel de Varese empfingen König und Königin den Besuch der Herzogin Mutter von Genua und des Prinzen Thomas von Savoyen. Der König reiste nach Sachsen zurück. Nach kurzer Regenzeit erlebte die Königin in Varese einen zweiten Frühling, denn die angefrischte, überaus liebliche Gegend, mit der großartigen Kette des Monte Rosa im Hintergrunde, hatte nur eines Sonnenstrahls geharrt, um sich zu voller Schönheit zu entfalten. Die Königin reiste am 1. Mai von Varese über Bellaggio nach Venedig und traf völlig genesen am 15. Mai in Strehlen ein. Fünfhundert grün und weiß gekleidete Schulmädchen empfingen sie in Dresden am Bahnhofe. Überall herrschte Freude über die in voller Gesundheit erfolgende Rückkehr.

Der Schilderung dieser Reise nach dem Süden möge die Darstellung einer Nordlandsreise folgen. Ihr liegen Aufzeichnungen zu Grunde, welche die Königin selbst niederschrieb und ihren Reisebegleitern widmete.

Die Abreise des Königspaares nach Dänemark und Schweden Norwegen erfolgte am 5. Juli 1888. In Berlin vom Kaiser empfangen, fand die Mittagstafel im reizenden Marmorpalais zu Potsdam statt. Der junge Hofstaat war in Thätigkeit, wo so lange Jahre die alten historischen Persönlichkeiten vom Hofe des greisen Kaisers Wilhelm gewaltet hatten. Bei hellem Sonnenschein eilte der Schnellzug am 6. Juli von Berlin nach Warnemünde. Mehrfache Ovationen fanden auf der Fahrt durch Mecklenburg statt, namentlich in Waren, wo ein Sachse aus Döbeln soeben den Königsschuß gethan hatte. Die Überfahrt

11*

nach Gjedser auf Falster erfolgte bei spiegelglatter See auf dem Lloyddampfer „Kaiser Wilhelm". Bei der Annäherung an das dänische Land salutierte die dahin gesandte Fregatte „Dagmar." In Gjedser stand der mit Blumen und Danebrogs geschmückte Extra zug, und der Ehrendienst meldete sich. Die Fahrt durch Falster und Seeland bot dem Auge eine liebliche und reiche Landschaft. Auf dem Bahnhose zu Kopenhagen war großer Empfang mit Ehrenkompagnie und Husareneskorte. Mit den Majestäten und anderen Fürstlichkeiten des dänischen Hauses war alles von Rang anwesend. Auf dem Wege nach Schloß Amalienborg hatte sich ganz Kopenhagen angesammelt und begrüßte die hohen Herr= schaften lebhaft. Noch am selben Abend war Galatasel. Die Königin von Dänemark war voller Güte und Liebenswürdigkeit, der König trank nach dänischer und schwedischer Sitte seinen Gästen zu. Der ganze Hof machte einen sehr vornehmen Ein druck; die Livree ist rot, auffallend sind die Kopfbedeckungen der Läuser, welche Blumenkörben gleichen.

Drei Tage genügten kaum, um die Sehenswürdigkeiten Kopenhagens und der dort eröffneten internationalen Ausstellung in Augenschein zu nehmen. Das schöne Renaissanceschloß Frederiks borg, die nationale Bildergalerie; die Rosenborg, eine Art histo rische Schatzkammer; und die Museen, darunter das Thorwaldsen Museum, boten viel des Schönen. In der Ausstellung waren namentlich russische Stoffe, Bronzen, Kunstgegenstände aus Nephrit, Filigran= und Emaillearbeiten von hervorragendem Werte. Die Königin interessierte sich für die nordische Frauen industrie; die Handarbeiten zeigten meist alte Muster. Bei Besuch von Bernstorff, dem dänischen Pillnitz, führte der Weg durch

ein in grünen Auen längs des Meeres gelegenes Villenterrain.
Dem Aufenthalt in Bernstorff folgte eine Fahrt durch den ausgedehnten Tiergarten und durch Clampenborg nach dem Sommersitz des Kronprinzen, Charlottenlund. Die üppige Vegetation
Seelands zeigte wunderschönen Baumwuchs, besonders herrliche
Eichen und Buchen und mächtige Crataegus-Bäume. Durch die
grüne Landschaft schimmerte das weite Meer. Ein Abend wurde
benutzt, um inkognito Tivoli, diesen wohl einzigen Vergnügungsort,
zu besuchen.

Die Trennungsstunde von der schönen Insel und der sehr
sympathischen Königsfamilie schlug nur zu rasch. Am Nachmittag
des 9. Juli wurde die Jacht „Danebrog" bestiegen und dampfte,
von einem Panzer begleitet, hinaus in den Sund. Ganz Malmö
war bei der Landung in Schweden auf den Beinen, Häuser und
Schiffe hatten geflaggt, es meldete sich hier ein Teil des schwedischen
Dienstes. Beim Betreten des schwedischen Bodens war es der
Königin recht eigen zu Mute, mehr, als sie selbst geahnt, regte
sich das Heimatsgefühl in ihr. Eine Eskadron vom Kronprinz-
Husarenregiment, gut beritten und vortrefflich aussehend, ritt zum
Bahnhofe vor. Hier stand ein für die Nacht eingerichteter Extra-
zug. Wo unterwegs gehalten wurde, war festlicher Schmuck be-
merkbar. In Eslöf sang ein Männerquartett ein schwermütiges
Lied, und der Königin traten dabei die Thränen in die Augen.
In Heßler wurde die erste schwedische Mahlzeit geboten mit Vorkost
und den gebräuchlichen herrlichen Walderdbeeren mit Sahne.
Bei schönem Wetter und so heller Nacht, daß um Mitternacht
noch Gedrucktes zu lesen war, führte die Fahrt durch Schonen,
Smaland und Södermanland; es waren von Malmö bis Stock-

holm 600 km zurückzulegen. Auf der Fahrt trat der nordische
Charakter der Landschaft, der granitene Boden, der dunkle Föhren
wald, die zahlreichen Seen, immer mehr hervor, noch abwechselnd
mit lieblichen und grünen Gegenden. Bis Gnesta waren der
Kronprinz von Schweden und die übrigen zu dem Königspaare
befohlenen Persönlichkeiten entgegengereist. Der Zug näherte sich
gegen Mittag Stockholm; als er eine längere Durchbohrung des
Granites verließ, bot sich der erste, herrliche Ausblick auf den
Mälar See und das nordische Venedig. König Oskar hatte einen
großartigen Empfang angeordnet, Ehrenkompagnien am Bahnhof
und am Schloß, zwei Eskorteeskadrons der noch die Uniform
aus der Zeit Karls XII. tragenden Garde, Reiter und Dragoner.
Die Stadt war festlich geschmückt, und zahlreiche Menschen, die
ihr schwedisches, viermal hintereinander kurz gerufenes Hurrah)
ausbrachten, bewegten sich auf den Straßen. Zwei Sechser und
sieben Viererzüge führten die Gäste des Schwedenkönigs nach dem
Schlosse, wo sie von der leidenden Königin bewillkommt wurden
und eine Vorstellung der Hofstaaten und Spitzen der Behörden
stattfand.

Das sächsische Königspaar fuhr nach bei der Königin von
Schweden in Schloß Rosendal eingenommener Mahlzeit nach
Drottningholm, um in dem großartigen, zwischen Mälar See und
weitem Park gelegenen Schlosse längeren Aufenthalt zu nehmen.
Die Königin fühlte sich am 11. Juli nicht ganz wohl. Während
sie der Ruhe pflegte, leistete ihr die liebenswürdige Kronprinzessin
von Schweden Gesellschaft, doch konnte sie abends noch an dem
großen Galadiner teilnehmen.

Ein wunderschöner Tag war der 12. Juli, der einer Fahrt

durch die Schären gewidmet war. Eine zahlreiche Gesellschaft bestieg den kleinen Dampfer „Skaldmö", der sie auf dem Mälar See nach Stockholm und durch Skürü Sund und Bageens Stäket nach Bo führte. Längs dieses Weges liegen auf kleinen Granit inseln die Villen und Chalets der Stockholmer malerisch im grünen Wald, zwischen Felsen und Wasser. Alles hatte geflaggt, alles hatte sich geschmückt. Die Bewohner, die jungen Mädchen in Nationaltracht, gruppierten sich an den Ufern und begrüßten die hohen Herrschaften mit Tücherschwenken und Hurrahrufen. Unausgesetzt knallten Schüsse. Es war ein in hohem Grade malerisches Bild: dazu der weite Wasserspiegel ringsum, die Durchblicke zwischen den Inseln auf neu auftauchende Eilande und die dunkeln Waldungen am Gestade der sich leicht kräuselnden Flut, dann und wann ein Dampfboot oder ein Kahn mit fröhlichen Insassen. Bei Bo wurde der königliche Aviso „Drott" bestiegen und es begann die Fahrt durch die Schären, die Stockholm vorliegenden kleinen, bewaldeten Felseninseln, nach Oskar-Fredriksborg, einer Befestigung, die den Zugang von der Ostsee nach Stockholm sperrt. Während die Könige die Feste besichtigten, malte die Königin, und die Kronprinzessin von Schweden photographierte. Weiter ging es an Baxholm vorüber, welche alte Festung ihre Kanonen löste, nach Stockholm zurück, den letzten Teil der Fahrt in Begleitung der städtischen Ruderklubs.

Die Königin besuchte am 13. Juli die Riddarholms Kirche. Es war ihr ein wunderbares, aber wohlthuendes und beruhigendes Gefühl, am Sarge des teuren Vaters in dessen Heimat beten zu können. Die mit unzähligen erbeuteten Fahnen, welche von Schwedens Kriegsruhm zeugen, geschmückte Kirche ist die Grab

stätte schwedischer Könige und hervorragender Männer. In der
Gruft unter dem graumarmornen Grabmal Gustav Adolphs
ruhen der Großvater, der Vater und der kurz nach der Geburt
gestorbene kleine Bruder der Königin.

Die Sehenswürdigkeiten von Stockholm nahmen manche
Stunde in Anspruch, ebenso die Einkäufe von Photographien,
Stahlwaren und schwedischen Schmuckgegenständen. Ein Besuch
bei der Herzogin von Dalekarlien in Schloß Haga erfreute die
Königin, da sie schon als Kind, nach Erzählungen ihres Vaters,
für den schönen Park des Schlosses geschwärmt hatte, der das
Entzücken der Stockholmer und Sonntags von ihnen überflutet
ist. Die Nordländer genießen ihren kurzen Sommer doppelt. Sie
lagern draußen mit Kind und Kegel; mit Eßkörben sind sie oft
den ganzen Tag im Freien. Da die Nacht hell bleibt, sind sie
nicht an die Zeit gebunden. Alles trennt sich schwer von der
schönen Natur, die in Schweden etwas ganz Eigenartiges hat,
wenn auch etwas melancholischen Charakters ist.

Ein weiterer Ausflug führte nach Upsala, der alten, von einem
großen Schlosse überragten schwedischen Königsstadt. Es wurden
das neue Universitätsgebäude, wo die Studenten vortrefflich deutsche
und schwedische Lieder sangen, und der Dom besichtigt. Die Uni
versitätsbibliothek enthält sehr wertvolle Schätze. Mittels kleinen
Dampfers wurde von Upsala auf dem Flüßchen Fyrisa der Mälar
See und das dort gelegene, dem Grafen Brahe gehörende Schloß
Stokloster erreicht. Es ist bekannt durch seine großartigen Samm
lungen, welche der Vorfahr des jetzigen Besitzers, Feldmarschall
Graf Wrangel, schwedischer Heerführer im dreißigjährigen Kriege,
hier zusammenschleppte. Es sind vorzügliche Arbeiten in Waffen,

Meubles, Schmuckgegenständen, Gläsern, meist deutschen Ursprunges
und deutscher Arbeit. Der Besitzer erfreute die Königin durch das
Geschenk eines Bechers aus westindischem Porzellan mit einem
Monogramm Gustavs III., ihres Urgroßvaters. Auf dem Mälar
wurde der Rückweg nach Drottningholm zurückgelegt.

Der gewissermaßen offizielle Aufenthalt in Schweden ging
am 15. Juli zu Ende. Das sächsische Königspaar verabschiedete
sich in Stockholm von dem schwedischen, um zunächst den Kron-
prinzen und die Kronprinzessin in Schloß Tullgarn zu besuchen.
Nach mehrstündiger Fahrt zwischen unzähligen Inseln des Mälar
Sees und durch den Södertelge Kanal wurde das an einer Ost-
seebucht innerhalb der Schären malerisch gelegene Tullgarn erreicht.
Hier begann ein gemütliches Familien- und Landleben. Reizende
Fahrten wurden auf dem kleinen Dampfer „Colibri" unternommen.
Es wurde im Freien auf dem Rasen, zwischen Bäumen und
Felsblöcken getafelt. Die Insel Langö war besonders hübsch
und mit einer Fülle von Erdbeeren gesegnet. Überhaupt giebt
es nirgends so viele Erdbeeren wie in Schweden, Stellen im
Walde sehen geradezu rot aus. Die Flora ist wunderschön:
Pirola aller Art, Linnaea borealis, schönste blaue Glocken, weiße
Orchis, alle so massenhaft, so schön gefärbt wie in den Alpen.
Die Kühe sind den kurzen Sommer hindurch ganz im Freien.
Milch und Butter vortrefflich. Die hölzernen Häuser sind rot
gestrichen, nicht sehr groß, mit weißen Vorhängen an den Fenstern
und einem kleinen Vorbau als Schutz gegen den Schnee, ganz
wie im sächsischen Erzgebirge. Eine längere Fahrt führte nach
Gripsholm, wo die Großeltern der Königin neun Monate lang
gefangen waren. Das Schloß mit seinen dicken, runden Türmen

und mächtigen Mauern machte einen traurigen und unheimlichen Eindruck.

Das sächsische Königspaar und das schwedische Kronprinzenpaar unternahmen auf dem Drott eine zweitägige Seereise nach der Insel Gotland. Am Ausgange der Schären lag das übende schwedische Flottengeschwader von 23 Fahrzeugen, welches besichtigt wurde. Kurz vor Gotland fiel dichter Nebel ein. Die Türme und Ruinen Wisbys zeigten sich nur vereinzelt und leicht verhüllt, was bei der schönen Beleuchtung einen zauberischen Eindruck hervorrief. Plötzlich zog sich der Nebel auf, und es konnte gelandet werden. Nach der Abendmahlzeit beim Gouverneur wurde die bengalisch erleuchtete, mit Menschen dicht gefüllte, in Trümmern liegende Kirche des heiligen Laurentius (St. Lars) besucht. Hier intonierten reizende Frauenstimmen das liebliche, wohlbekannte „O sanctissima" und andere Gesänge; dabei durchschritten verhüllte Gestalten gleich Nonnen die Klostergänge. Der andere Tag wurde den Sehenswürdigkeiten der alten, einst so mächtigen Hansastadt gewidmet, welche jetzt nur die Hälfte des einst von ihren Mauern umschlossenen Raumes ausfüllt. Es waren die Stadtmauer mit vielen Türmen, die zahlreichen meist in Ruinen liegenden Kirchen, welche von den verschiedenen miteinander wetteifernden Nationen erbaut worden sind, als Wisby der internationale Freihafen der Ostsee war, das reichhaltige Altertumsmuseum und der botanische Garten, wo Volksspiele stattfanden. Nachdem Prinzessin Eugenie von Schweden die fremden Gäste in ihrer am Meere und in frischem Grün reizend gelegenen Villa Friedheim bewirtet hatte, fuhr der Drott bei ruhiger See und heller Nacht nach Tullgarn zurück.

Von Jerna aus wurde am 25. Juli die Reise nach Norwegen angetreten. Drontheim war am 26. Juli abends erreicht. Nicht weit hinter Upsala begannen die großen Waldungen, die einen wilden Charakter tragen und hier und da wohl das Bild eines Urwaldes bieten mögen. Vorherrschend ist immer der Granit, oft in großen Blöcken, zwischen denen die Fichten und Birken hindurchwachsen. Bei Östersund, dem Mittelpunkte Schwedens, war die Landschaft von eigentümlicher Schönheit; dunkle Fichten= und Tannenwälder wechseln hier mit Getreide= feldern, die Spiegel größerer Seen blitzen hervor, auch mehrt sich die Zahl der Dörfer. Den alpinen Charakter der Gegend bewies die herrliche Flora; inmitten der Wildnis gedeihen Aconitum, Mulgedium alpinum, Pirola und andere Alpenpflanzen. Vor Storlien wird das Gelände immer großartiger und nordischer, mit tiefen Thälern zwischen hohen schneebedeckten Bergen. Die Fahrt ging den Stjördalselv entlang; von den Bergen stürzten viele kleine Wasserfälle in die Tiefe.

In Drontheim ging das Königspaar sofort an Bord des für die Nordlandreise ermieteten Dampfers „Jupiter". Die Fahrt ging durch den Drontheimsfjord, längs der Küste von Helgeland hin, am Torghatten, welcher der Insel Torgen das Aussehen eines auf dem Meere schwimmenden Hutes giebt, an den sieben Schwestern, den 1000 m hohen Bergspitzen der Insel Alsten, und Hestmandsö, wo der Eintritt in den Polarkreis erfolgt, vor= bei, nach dem Vestfjord, welcher nach Westen von den Insel= gruppen der Lofoten und Vesteraalen begrenzt wird. Hier ist die nor= dische Welt von großartigster Schönheit und Erhabenheit. Es vereinigt sich das Meer mit dem Hochgebirge. Unzählige Inseln mit tausend

Fuß hohen Bergen sind in die See vorgeschoben, während ebenso weit die Fjords bis zum innersten Gebirgsstock eindringen. Die Berge der Lofoten, vielfach mit Schnee bedeckt, haben alpine Formen, steigen fast unmittelbar aus dem Meere auf und bilden eine weite, mit Spitzen und Zinnen aufragende Mauer. Der Baumwuchs wird spärlich, doch läßt sich überall noch frisches Grün entdecken. Die rot gestrichenen Häuser der Fischerstationen leuchten hervor. Leider war die Fernsicht an den ersten beiden Tagen der Fahrt durch Regenböen beeinträchtigt, auch war es empfindlich kalt. Gleichwohl nahm die Königin vom Schiffe aus mehrere Skizzen der herrlichen Landschaft auf. Sie hatte noch nie in so ungestörter Weise und angesichts der tageshellen Nächte in solchem Umfange der Malerei, ihrer Lieblingsbeschäftigung, obliegen können; Beweis dafür war, daß sie während der nordischen, über 8 Tage sich erstreckenden Reise 45 Ölskizzen malte.

Auf bewegter See erreichte der Jupiter bei Sonnenschein Sonntag, den 29. Juli, früh Tromsö. Von der Bevölkerung lebhaft begrüßt, wurden die Stadt und ihre Merkwürdigkeiten besichtigt. Der Nachmittag war einem Ausfluge nach dem Lappenlager im Tromdal gewidmet. Auch die Königin versuchte die Fahrt dahin in einem der in Norwegen gebräuchlichen zweiräderigen Carriols. Im Lappenlager war eine größere Renntierherde zusammengetrieben, Eigentum der nomadisierenden Lappen, die in den Sommermonaten aus Schweden nach dem Norden kommen, dem Zuge ihrer Renntiere folgend. Die Erdhütten, worin die Lappen wohnen, waren sehr ursprünglich und, wie die Bewohner selbst, nicht reinlich gehalten. Das Königspaar wurde von den Lappenfamilien, die sehr zahlreich zu sein schienen, umringt, um

allerhand dargebotene Gegenstände zu kaufen. Die Renntierherde
wurde ins Freie nach den umliegenden Bergen entlassen, was einen
hübschen Anblick und den Lappen Gelegenheit bot, ihre Geschick-
lichkeit mit dem Lasso zu zeigen. Das Tromdal, in hohe Berge
eingeengt, hat eine schöne Flora und ist reich bewaldet.

Von Tromsö steuerte der Jupiter in nördlicher Richtung
weiter bis zur Insel Skorö. Hier war unter dem 71. Breitengrade
der nördlichste Punkt der Reise erreicht. Der König ging an
Land und beobachtete von einer Höhe der Insel die Mitternachts-
sonne. Die Nacht blieb vollständig taghell, so daß die Königin
bis Mitternacht bei herrlicher Beleuchtung malen konnte.

Die Fahrt nahm wieder eine südliche Richtung, dem
Lyngenfjord zu, einem der Glanzpunkte der Nordlandsreise. Der
Fjord ist auf beiden Seiten von einer fast ununterbrochenen Kette
von Schneebergen eingeschlossen; von vielen derselben steigen
Gletscher tief in die Thäler herab, und Wasserfälle stürzen sich
von den Felswänden. Während der Fahrt folgte ein mächtiger
Walfisch längere Zeit dem Schiffe, und zahlreiche Springwale
umkreisten es. Das Königspaar beobachtete in der Nacht vom
30. zum 31. Juli auf der Rückfahrt aus dem Lyngenfjord in
der Zeit von Mitternacht bis 2 Uhr morgens zuerst den Unter-
gang und dann den Aufgang der Sonne. Es boten sich dabei
am Horizonte, im Meere und an den Eis- und Schneebergen
die herrlichsten Lichteffekte. Die Sonne versank anscheinend im
Goldglanze des Meeres; dabei spiegelte dieses in allen Regen-
bogenfarben, die Schneeberge gegenüber waren durch den Glanz
der Abendsonne erhellt, und die dunkeln Felsgruppen darunter
färbten sich violett.

Nach kurzem Aufenthalt in Tromsö landete der Dampfer am Holandsfjord zu einem Besuche des Svartisen, des großen Schneefeldes, welches mit seinen Gletschern bis fast auf den Meeresspiegel hinabsteigt. Die Königin fand bei diesem Aus= fluge ein sehr merkwürdiges himmelblaues Sedum. Drontheim wurde bei ziemlich hohem Seegang am 2. August mittags er= reicht und nach längerem Besuche des schönen Domes am 3. Au= gust früh wieder verlassen. Der Extrazug führte das Königs= paar nach Stockholm zurück. Die Abschiedsstunde von Schweden schlug nach längerem Aufenthalt in Tullgarn am 13. August. Die Königin trennte sich nach einer glücklichen, genußreichen Zeit nicht leichten Herzens von ihren lieben Verwandten und der alten, ihr erst jetzt bekannt gewordenen Heimat ihrer Vorfahren. Die Überfahrt von Malmö nach Stralsund war sehr stürmisch; alles außer König und Königin erlag der Seekrankheit. Den 15. August erfolgte die Ankunft in Dresden.

Frohe Feste.

Am 18. Juni 1878 feierte das Königspaar das Fest der Silberhochzeit. Mit den aufrichtigsten, den wärmsten Glück und Segenswünschen fanden in allen Gegenden, an allen Orten des Sachsenlandes die lebhaftesten Huldigungen statt. Alle Teile des Landes, alle Schichten der Bevölkerung gaben durch Wort und Schrift, durch Ehrengeschenke, durch festliche Aufzüge und Versammlungen, durch Stiftungen unzählige Beweise wahrer Liebe und treuer Anhänglichkeit.

Die Feier währte mehrere Tage. In allen Kirchen wurden Gebete für das hohe Paar gesprochen. Ein ländlicher Fest zug fand in Pillnitz, eine Parade der Bergleute vor dem Dresdner Schlosse statt. Am eigentlichen Erinnerungstage empfing das Königspaar die anwesenden fremden Fürstlichkeiten. Es waren der Großherzog von Baden, der Großherzog und die Großherzogin von Sachsen = Weimar mit Prinzeß Elisabeth, Prinz Albrecht von Preußen, Prinz Luitpold von Bayern, Erzherzog Wilhelm von Österreich, die Herzogin von Genua und Prinz Thomas von Savoyen, der Großherzog und die Großherzogin von Toskana mit Erzherzogin Antoinette, der Herzog von Sachsen Altenburg, Graf und Gräfin Flandern, die Fürsten Reuß Heinrich XII. älterer und Heinrich XIV. jüngerer Linie, Prinz Hermann von Sachsen Weimar, der Erb prinz und Prinz Friedrich von Hohenzollern. Außer den Fürst lichkeiten waren zahlreiche Abgesandte fremder Souveräne und Höfe, sowie mehrere militärische Deputationen anwesend. Nach dem Hochamt und Tedeum war Beglückwünschungscour. Prinz Albrecht brachte als Abgesandter des deutschen Kaisers bei der Galatafel das Hoch aus. Das Festspiel im Théâtre paré zeigte in Bildern: das Kaiserstöckl, Schloß Hacking, Schloß Eichhorn, Gries bei Bozen, Obermais bei Meran, Morawetz, Carolazimmer, Verlobungszimmer, Strehlen, Rehefeld, Carolahaus. Nach der Vorstellung wohnten König und Königin in der Exedra einer Serenade und öffentlichen Huldigung auf dem Theaterplatze bei. Die Feierlichkeiten beschlossen in den folgenden Tagen Parade, Hofball und Höhenbeleuchtung. In Erinnerung an die Jubel feier bgründete das Königspaar eine Freistelle im Bürgerhospital

für ein würdiges und hilfsbedürftiges Ehepaar unter dem Namen
„Albert Carola=Stiftung".

Nach Recht gehörte die Mark Meißen seit 1089 einem
Wettiner, Heinrich von Eilenburg, dem sie durch Kaiser Heinrich IV. zugesprochen wurde. Vom 15. bis 19. Juni 1889 feierte
daher das sächsische Volk das achthundertjährige Jubiläum seiner
Verbindung mit dem Königshause. Sachsen blickte bei dieser
Gelegenheit zurück auf die Segnungen, die es dieser Verbindung
verdankt: auf die Gründung des Staates, seine Erhaltung, seine
Pflege und Entwickelung in den Wechselfällen einer Geschichte von
acht Jahrhunderten.

Welch ein Fest! An prangendem Glanze ohne seinesgleichen, wird keines kommen, welches höher getragen und gefeiert
werden kann von der Freude eines ganzen Landes und der Liebe
eines treuen Volkes. Kunst und Poesie, Wissenschaft und Froh-
sinn hatten ihre Schätze geöffnet, um phantasiereiche Gebilde zu
schaffen, welche, längst vergangene Zeiten mit der Gegenwart
verknüpfend, in ihrer bunten Reihenfolge unvergeßliche Eindrücke
hervorriefen.

Es war ein Familienfest der Wettiner. Zu seiner Feier
waren gekommen: der deutsche Kaiser, Großherzog, Großherzogin,
Erbgroßherzog und Prinz Hermann von Sachsen Weimar, Erb-
prinz, Prinz Ernst, Prinz und Prinzessin Friedrich von Sachsen-
Meiningen, Herzog und Prinz Albert von Sachsen-Altenburg,
Herzog und Prinz Philipp von Sachsen Koburg, die Herzogin
Mutter von Genua, Erzherzog Otto und Erzherzogin Maria
Josepha, Prinz Alfred Alexander von Großbritannien, Graf und
Gräfin von Flandern und Prinz Balduin von Belgien.

Am ersten Tage fand der Empfang der Deputationen statt, Hoftafel und ein Fackelzug der Studierenden von den Hochschulen zu Dresden, Freiberg und Tharandt. Nach dem Festgottesdienste am Sonntage waren Beglückwünschungscouren. Am Abend brachte die Armee dem Königshause eine in dieser Weise noch nie dagewesene glänzende und wahrhaft großartige Huldigung dar, durch das historische Armeefest, welches in einer zu diesem Zwecke erbauten cirkusartigen Arena stattfand. Die Belagerung und der Entsatz von Wien 1683 bildete den Hintergrund zu den Aufzügen, Darstellungen, Karoussel und Quadrillereiten, was eine seltene Pracht zu entfalten und reiche Abwechselung in den Bildern und Trachten zu bieten ermöglichte. Zum Schlusse rückten sämtliche Festteilnehmer zur Huldigung in die Arena, es brauste ein nicht enden wollendes Hurrah für den Kriegsherrn durch dieselbe, alle Musikkorps spielten die Sachsenhymne, und draußen krachten die Geschütze zum Ehrensalut.

Empfänge und Hoftafel füllten den 17. Juni aus. Am 18. war Parade. Ihr folgte die Enthüllung von Johannes Schillings schönem Denkmal des Königs Johann. Hierbei sagte König Albert: „Möge das Bild dieses wahrhaften Friedens fürsten immerdar auf ein glückliches, zufriedenes Sachsen schauen, in Liebe und Treue verbunden mit seinen Fürsten". Nach der Galatafel wurde das historische Armeefest wiederholt. Hellster Sonnenschein strahlte am letzten Tage der Feier auf den groß artigen Huldigungszug, in welchem alle Stände, alle Berufsarten, alle Ve eine in symbolischen Darstellungen vertreten waren. Unter all dem Schönen waren der Ritterzug, der Jagdzug und die Gruppe der Meißner Porzellanfiguren wohl die glänzendsten

Darbietungen. Ein von der Stadt Dresden auf der Brühlschen Terrasse gegebenes Fest mit großem Feuerwerk bildete den Abschluß dieser unvergeßlichen Tage.

Wiederum steht 1898 ein frohes Fest vor der Thür. Sachsen schickt sich an, die Jubelfeier der fünfundzwanzigjährigen Regierung seines Königs und seiner Königin in alter Treue und Liebe zu begehen. Ist Liebe zu gewinnen nicht das Höchste für eine Königin? Gehören der Königin nicht aller Herzen? Gott schütze Sachsens Königin!

Anlagen.

12*

Anlage A.

Daten nach der Zeitfolge aus dem Leben der Königin 1873—1897.

1873.

29. Oktober: Thronbesteigung.

11. November: Condolenzcour bei den Majestäten.

1. und 2. Dezember: Besuch der Kaiserin Augusta.

14. Dezember: Tod der Königin Elisabeth von Preußen.

> Königin Elisabeth war am 8. November in Dresden eingetroffen, um ihrer Zwillingsschwester, Königin Amalie, in schwerer Zeit zur Seite zu stehen. Anfang Dezember erkrankte sie an Lungenentzündung.

15. Dezember: Kurze Anwesenheit des Kronprinzen des deutschen Reiches und von Preußen.

16. Dezember: Einsegnung der Leiche der Königin Elisabeth; Überführung nach Sanssouci.

1874.

28. Januar bis 2. Februar: Erster Aufenthalt des Königs und der Königin in Leipzig.

4. bis 13. Februar: Reise der Königin nach Frankfurt a. M. Zusammenkunft mit Fürst und Fürstin Hohenzollern.

20. bis 24. März: König und Königin in Berlin zu Kaisers Geburtstag.

9. April: Besuch der Kaiserin Augusta.

29. Juni bis 4. Juli: Reise des Königs und der Königin im Lande über Freiberg durch den Zwickauer Kreisdirektions bezirk. Freiberg Chemnitz Zwickau Plauen Elster-Schneeberg Annaberg.

7. Juli: Besuch des Kaisers Alexander II. von Rußland in Pillnitz.

8. bis 10. Juli: Reise des Königs und der Königin im Lande durch den Bautzner Kreisdirektionsbezirk. Radeberg Pulsnitz Kamenz Bautzen Löbau Zittau.

21. Juli bis 17. August: Die Königin in Marienbad.

27. September: Tafel zu Ehren der Konferenz der europäischen Gradmessung in Pillnitz.

19. Oktober: Besuch der Königin im Fräuleinstift Joachimstein.

23. bis 25. November: Besuch des Königspaares am Alten burger Hofe.

1875.

14. und 28. Februar: Aufführung lebender Bilder und drama tischer Szenen bei der Königin.

19. Februar: Die Königin fährt zu Schlitten nach Meißen und besucht die bei Explosion der Sicherheitszünderfabrik Verunglückten.

20. bis 23. Februar: König und Königin besuchen den Weimar schen Hof.

25. Februar: Geburt des Prinzen Albert.

2. und 3. Juni: Besuch des Königs und der Königin von
Schweden.

3. Juni: König und Königin in der Ausstellung kunstgewerb
licher Arbeiten im Kurländer Palais.

15. Juni: König und Königin bei der feierlichen Eröffnung der
Ausstellung gewerblicher und industrieller Erzeugnisse aus
dem Königreich Sachsen.

26. Juni: Abreise des Königs und der Königin. Besuch der
Höfe in Darmstadt, Karlsruhe und Friedrichshafen. Reise
über Krauchenwies, Schaffhausen, Zürich, Luzern, über den
Rigi, Andermatt, auf der Gotthardstraße nach Locarno.
Besuch der Herzogin von Genua in Stresa. Reise über
Turin, den Mont Cenis nach Genf und Bern. Der König
am 22. Juli zurück, die Königin nach Luzern und am
4. August nach Pillnitz zurück.

25. bis 27. Oktober: Besuch des Erzherzogs Albrecht.

29. November: Besuch der Kaiserin Augusta.

1876.

15. bis 18. Februar: Besuch des Kronprinzen und der Kron
prinzeß des deutschen Reiches und von Preußen.

15. Februar: Maskenfest beim Kriegsminister von Fabrice. Zu
Grunde liegende Idee: Überbringung der polnischen Königs
krone an Heinrich von Valois, Herzog von Anjou, den
Bruder des jungen Königs von Frankreich Karl IX. Feier
licher Einzug des französischen Hofes. Einführung der
polnischen Deputation. Anerbieten der polnischen Königs-

würde. Bekleidung mit den Insignien derselben. Tanz=
aufführungen: Polnische Quadrille, Jägergruß aus Werms
dorf, Postillon Quadrille, Rococo=Quadrille, Pierrot Qua
drille, launige Vogel Quadrille.

21. Februar: Die Königin bei Einweihung des Rietschel
Denkmals.

11. und 12. März: Im Schloß fand die Aufführung von Tableaux
und eines Lustspiels statt. Die Darstellung war als Rätsel
gedacht, dessen Schlüssel die Worte „Meißner Porzellan"
bildeten. Von beiden Worten wurde der Reihe nach je ein
Anfangsbuchstabe genommen und diese als Anfangs und
Endbuchstabe zur Bildung eines Wortes benutzt:

M P Mühlknapp.

E O Echo.

J R Inspektor.

S Z Schatz.

S E Stunde.

N L Nichte oder Nachtigall.

E A Eva.

R R Raten.

Diese acht Worte wurden sinnbildlich dargestellt durch Ta
bleaux und N L durch ein Lustspiel. Das ganze Wort
Meißner Porzellan wurde in lebenden Bildern nach Modellen
der Kgl. Porzellanmanufaktur gestellt.

18. bis 20. April: König und Königin bewohnen die Villa
Dannenberg in Oybin. Auerhahnbalz. Partie auf den
Hochwald.

28. Juni: König und Königin auf der Industrie-Ausstellung zu Meißen.

3. Juli bis 12. August: Das Königspaar reist nach Ragatz, wo im Quellenhof abgestiegen wird. Die Umgegend prangt im frischesten Grün, auf den Bergen glänzt bis tief herab neu gefallener Schnee. Vom 26. Juli ab macht der König einen Ausflug in das Berner Oberland, die Königin besucht ihre Hohenzollernschen Verwandten. Das Königspaar besichtigt am 8. August die deutsche Kunstgewerbe Ausstellung im Münchener Glaspalast.

19. August: Generalfeldmarschall Graf Moltke, der zu einer Übungsreise des großen Generalstabes sich in Sachsen aufhielt, war zur Tafel nach Pillnitz geladen.

31. August bis 3. September: Reise der Königin durch die Ober Lausitz. Marienthal, Ostritz, Ebersbach, Neu Salza.

5. bis 8. September: Die Königin bei den Kaisermanövern in Leipzig.

14. Oktober: Die Königin bei der Grundsteinlegung des Carolahauses.

28. November: Besuch der Kaiserin Augusta.

8. bis 10. Dezember: Das Königspaar zum Besuch am Kaiserhof in Berlin.

1877.

26. Februar: Frau Marie Simon, die hochverdiente Samariterin, starb in der Heilstätte zu Loschwitz. Die Königin verweilte am 19. am Krankenlager und legte am 23. einen Kranz am Sarge nieder.

10. März: Darstellung des Bilderrätsels „Bilder aus neun Jahrhunderten" in derselben Weise wie 1876.

B J Bellachini. Ein Taschenspieler.

J A Jessika.

L H Ländlich.

D R Dudelsackpfeifer.

E H Eschenbach.

R U Richelieu.

A N Almerin.

U D Uhland.

S E Schnörche. Schwank von Moser.

N R Netscher.

E E Engelhardt. Dresdner Komiker singt Couplets.

U E Undine.

N N Nein. Szene aus Lustspiel von Heiberg.

Nach den einzelnen Worten wurde die Lösung in neun Bildern dargestellt.

4. Jahrh.: Der heilige Augustin und die heilige Monika.

6. „ Belisar und Irene.

9. „ König Alfred von England als Harfner im Dänenlager.

12. „ Kaiser Friedrich Barbarossa vor Chiavenna.

13. „ Die heilige Elisabeth, Landgräfin von Thüringen.

14. „ Königin Philippa von England bittet bei ihrem Gemahl Eduard III. um Gnade für die Bürger von Calais.

16. „ Ariost in Florenz.

17. Jahrh.: Peter der Große wird von seiner Mutter
   gegen die Strelitzen geschützt.

18. „ Maria Theresia vor dem ungarischen Reichstage.

20. bis 25. März: König und Königin zur Feier des achtzig
   jährigen Geburtstages des Kaisers in Berlin.

25. Juni: Ankunft der Königin in Ragatz. Schweizreise gemein-
   schaftlich mit dem König. Albula-Paß. Alveren. Pont
   resina, von hier Ausflüge zu Wagen und zu Fuß in die
   unvergleichlich schöne Umgebung, auf den Bernina Paß, zum
   Morteratsch Gletscher und nach St. Moritz. Von Pont-
   resina reist der König durch das Innthal nach Tirol,
   die Königin geht nach Tarasp, wo sie die Fürstin Hohenzollern trifft.

25. Juli: Rückkehr der Königin nach Pillnitz.

4. August: Tod des Prinzen Gustav von Wasa.

13. September: Tod der Königin Witwe Marie.

22. September bis 10. Oktober: Reise der Königin nach
   Hacting.

8. November: Tod der Königin-Mutter Amalie.

1878.

2. Februar: Erste Vorstellung im neuen Hause des Kgl. Hoftheaters. Iphigenia auf Tauris.

24. März: König und Königin besuchen die Ausstellung der
   fünfzig Jahre bestehenden Gartenbaugesellschaft Flora.

15. April: Das neue Carola-Krankenhaus des Albertvereins
   wird durch die Königin eingeweiht.

26. April: Anwesenheit der Kaiserin Augusta bei dem von der

Königin einberufenen II. Verbandstage der deutschen Frauen-Hilfs und Pflegevereine. Sitzung in den Fabrice'schen Räumen. Besuch des Carolahauses und der deutschen Heilstätte.

11. bis 16. Mai: Besuch des Prinzen Carl von Preußen.

18. Juni: Silberhochzeit des Königspaares.

25. bis 28. Juli: Reise des Königs im Lande; durch die Sächsische Schweiz und Oberlausitz. Die Königin ist in Königstein, Sebnitz, Schandau, Neustadt und Reibersdorf an seiner Seite.

3. August: König und Königin in Teplitz zum Besuch des Kaisers Wilhelm, welcher wegen der bei dem Attentat vom 2. Juni erhaltenen Wunden dort das Bad gebrauchte.

16. August bis 6. September: Reise der Königin über München nach der Schweiz.

15. September: König und Königin besuchen die landwirtschaftliche Ausstellung zu Lengefeld.

14. Oktober bis 6. November: Reise der Königin nach der Weinburg.

1879.

3. Januar: Eine Straße der Albertstadt erhält den Namen „Carola=Allee".

12. bis 15. Januar: Aufenthalt des Königs und der Königin in Leipzig.

23. bis 25. Januar: Besuch des Kronprinzen Rudolf von Österreich.

25. Januar: Erster Subskriptionsball im Neustädter Hoftheater.

26. Februar bis 6. März: Reise der Königin nach Sigmaringen.

15. Mai: König und Königin bei der Eröffnung der Kunstgewerbe-Ausstellung zu Leipzig.

11. und 12. Juni: Das Königspaar in Berlin zur Feier des goldenen Ehejubiläums des deutschen Kaisers und der deutschen Kaiserin. Das ganze deutsche Volk in den weiten Gebieten von den Alpen bis zum Meer nimmt herzlichen Anteil an dem seltenen Feste.

19. bis 23. Juni: Reise des Königs und der Königin nach Regensburg zur Hochzeit des Prinzen Friedrich von Hohenzollern mit der Prinzessin Luise Marie von Thurn und Taxis.

2. Juli bis 14. August: Reise des Königs und der Königin nach Ragatz und Tarasp. Fahrt von Tarasp über Nauders und Mals nach Meran, wobei sich die Ortler-Kette in ihrer ganzen Pracht zeigte. Dann nach Bozen, ins Pusterthal, nach Villach.

30. August: König und Königin in der Industrie- und Gewerbe-Ausstellung zu Bautzen.

20. September bis 1. Oktober: Die Königin reist über Morawetz und Wien nach Tegernsee, wo sie mit dem Könige zusammentrifft. Besuch der internationalen Kunstausstellung zu München.

29. November bis 5. Dezember: Reise der Königin nach Wien zur definitiven Regelung des Nachlasses des Prinzen Waja.

1880.

4. bis 6. Februar: Besuch des Kronprinzen Rudolf von Öster=
reich.

6. März: Darstellung lebender Bilder und Aufführung zweier
Lustspiele in der Art wie 1876 und 1877. Schlüssel:
„Dresdner Gallerie". Zusammenstellung:

D G Dreißig. Lied: „Schier dreißig Jahre bist
du alt".

R A Rebekka.

E L Elfenball.

S L Scheffel. Bild aus dem Trompeter von Säckingen.

D B Dante und Beatrice.

N R Nummer. Lustspiel von Lebrun „No. 777".

E J Das Ei des Columbus.

R E Rolle.

Die Lösung wurde in neun Bildern der Dresdner Gallerie
gegeben.

26. April: Besuch der Kaiserin Augusta.

7. bis 9. Mai: Die Königin in Berlin bei Prinzessin Friedrich
von Hohenzollern.

20. Juni: Der König und die Königin bei der Fahnenweihe
des deutschen Kriegerbundes im Feldschlößchen.

30. Juni: König und Königin besuchen die Wurzener Industrie=
ausstellung.

1. Juli: König und Königin bei der Eröffnung der Leipziger
Wollwarenausstellung.

1. Juli bis 4. August: Reise der Königin nach Tarasp.

31. August bis 2. September: Besuch des Fürsten und der Fürstin von Rumänien.

1. September: König und Königin bei der Enthüllung des Siegesdenkmals auf dem Altmarkt.

5. September: Manövertafel in den wiederhergestellten herrlichen Räumen der Albrechtsburg zu Meißen.

13. September: König und Königin auf der Ausstellung des landwirtschaftlichen Vereins Seifersdorf-Radeberg.

6. Oktober bis 21. November: Die Königin reist über Brünn und Wien nach Verona, wo sie am 17. Oktober mit dem Könige zusammentrifft, nach Monza zum Besuch des Königlich Italienischen Hofes, dann nach Stresa zur Herzogin von Genua. Reise nach Genua, von wo der König direkt, die Königin über Nizza und durch Südfrankreich zurückkehren.

27. November: Stapellauf und Taufe der Glattdeck-Corvette „Carola".

1881.

24. Februar bis 2. März: König und Königin in Berlin zu den Vermählungsfeierlichkeiten des Prinzen Wilhelm und der Prinzeß Auguste Victoria zu Schleswig-Holstein, der jetzigen Kaiserlichen Majestäten.

Einzug in Berlin. Trauung in der Kapelle des Königlichen Schlosses. Defiliercour. Ceremonientafel. Fackeltanz der Staatsminister.

6. und 7. Mai: Erster Besuch des Prinzen und der Prinzeß Wilhelm von Preußen in Strehlen auf ihrer Reise nach Wien zur Vermählung des Kronprinzen Rudolf.

11. Mai bis 11. Juni: Der König gebraucht die Kur in Ems. Die Königin begleitet ihn dahin. Wohnung in dem Hause „Zu den vier Türmen". In den Vormittagsstunden Promenaden in den auf beiden Lahnufern liegenden, unmittelbar an den Ort grenzenden schönen Laubholzanlagen. Zu dem Diner um 2 Uhr ergehen Einladungen. Die Nachmittage werden zu Ausflügen benutzt: Nassau und Burg Stein, die schöne Aussicht bei Kemmenau, Oberlahnsteiner Forsthaus, Braubach, Nieder=Lahnstein, Stolzenfels, Rhense, Ehrenbreitenstein, Ahrenberg. Das Wetter begünstigt den Aufenthalt. Die Königin reist am 27. Mai nach Coblenz, Wiesbaden und Frankfurt a. M. Das Königspaar ist am 11. Juni wieder in Strehlen.

21. Juli: Die Königin reist nach Krauchenwies, wohin der König am 28. Juli kommt. Die Königin reist mit dem König am 3. August nach München und dann allein am 6. August nach Tarasp. Vom 29. August bis 1. September Rückreise über Meran nach Pillnitz.

4. September: Fünfzigjähriges Verfassungsjubiläum. Am 5. große Tafel im Bankettsaal der Albrechtsburg zu Meißen.

1882.

7. Februar: Die Königin wohnt den Feierlichkeiten der Übergabe des Hosenbandordens an den König bei.

23. Februar bis 15. Mai: Reise der Königin nach der Riviera di Ponente und nach Oberitalien. Auch der König ist im März und bis Mitte April in Mentone und Varese.

Ende Juni: Kurze Reise der Königin nach Morawetz.

17. bis 19. Juli: Kronprinz und Kronprinzeß des deutschen Reiches und von Preußen, sowie Prinzeß Victoria in Pillnitz.

4. September: König und Königin besuchen die Garten-Aus- stellung in Löbtau.

8. September: König und Königin besuchen die landwirtschaft- liche Landesausstellung in Zwickau.

Mitte September: Kaisermanöver südlich Riesa, Beteiligung von Dresden aus.

26. September bis 16. Oktober: Reise der Königin nach der Weinburg.

1883.

1. bis 5. Februar: König und Königin in Leipzig. 4. deutsche Verbandskochausstellung.

27. Februar bis 2. März: König und Königin in Berlin zur Feier der silbernen Hochzeit des kronprinzlichen Paares.

9. bis 28. April: Reise der Königin nach Meran. Die Königin war durch einen hartnäckigen Lungenkatarrh genötigt, der Hochzeit des Herzogs von Genua in München fernzubleiben. Sie nahm einen Erholungsaufenthalt in Schloß Rametz, wohin nach der Hochzeit auch der König kam und dort seinen Geburtstag feierte.

16. bis 18. Mai: König und Königin in Berlin, um die hy- gienische Ausstellung zu besuchen.

19. Mai: Das Königspaar bei den Frühjahrsrennen zu Leipzig.

13. bis 17. Juni: Reise der Königin nach Morawetz.

25. Juni bis 18. Juli: Reise der Königin nach Tirol und der Schweiz.

18. August: König und Königin bei Eröffnung des Panoramas der Schlacht bei St. Privat.

21. August: Besuch des Königs Ferdinand von Portugal.

23. und 24. August: Besuch des Königs Carl von Rumänien.

5. bis 8. September: Die Königin in Zittau während der Manöver.

11. September bis 11. Oktober: Reise der Königin nach Baden-Baden und der Weinburg.

1884.

5. Februar: Tod der Prinzessin Maria Anna, Herzogin zu Sachsen.

8. Februar: Beisetzung in der Gruft der katholischen Hofkirche.

18. Mai: Abreise des Königspaares nach Ems. Wohnung: „Zu den vier Türmen". Während eines Besuches des Grafen und der Gräfin Flandern wurden zwei weitere Aus= flüge unternommen, nach dem Niederwald und nach Schloß Eltz. Vom Niederwald telegraphierte der König an Jo= hannes Schilling: „Soeben mit der Königin an Ihrem herr= lichen Denkmal gewesen, lebhaft Ihrer gedacht."

26. Mai: Oberhofmeister von Lüttichau wohnte auf Befehl der Königin einer zu Oldenburg in der großherzoglichen Grabkapelle stattfindenden Feierlichkeit bei, welche der vom Großherzog von Baden veranlaßten Überführung der Särge des Königs Gustav IV. Adolf von Schweden, des Prinzen

Gustav von Wasa und dessen kleinen Sohnes nach Stockholm voranging.

5. Juni: Die Königin reist von Ems über Possenhofen nach
Brennerbad, wohin der König am 15. nachfolgt. Wegen
Kälte und Schneegestöber wird der dortige Aufenthalt auf
einige Tage durch einen Ausflug nach Bozen unterbrochen.
Der König reist am 21. ab.

2. Juli: Rückkehr der Königin von Brennerbad.

23. August: König und Königin besuchen die Gartenbauaus-
stellung zu Leipzig.

Mitte September: Kurzer Besuch der Königin auf der Weinburg.

18. Oktober: Tod des Herzogs Wilhelm von Braunschweig.

19. bis 25. Oktober: Reise des Königs und der Königin nach
Sigmaringen zur goldenen Hochzeit des Fürsten und der
Fürstin von Hohenzollern.

1. November: König und Königin besuchen das neuerbaute
Schulhaus in Strehlen.

10. und 11. Dezember: Aufenthalt der Königin in Leipzig.

12. bis 14. Dezember: Die Königin begleitet den König, gelegentlich der Jagd im Grunewald, nach Berlin.

1885.

26. bis 28. Januar: Der König und die Königin in Leipzig.

14. Februar: Kostümball bei Minister Graf Fabrice. Unmit-
telbar nach Ankunft der Majestäten erschien in der
Mitte des Saals ein Schwarm Pierrots und Damen im
Phantasiekostüm, welcher von einem italienischen Maskenzuge

13*

abgelöst wurde. Hieran reihte sich ein Aufzug mit Quadrille der Offiziere des Leib-Grenadier-Regiments in dem
Kostüm der sächsischen Schweizergarde, ferner ein Festzug
des 2. Grenadier-Regiments im Kostüm des dreißigjährigen
Krieges. Die folgenden vier Quadrillen brachten zur Darstellung die kurfürstliche Leibgarde zu Roß im Hofkleide
und Edeldamen (Mitte des 17. Jahrhunderts), Jäger und
Jägerinnen (aus der Zeit Ludwig XVI.), Rococo (18. Jahrhundert) und Elsässer Bauern und Bäuerinnen. Den Schluß
bildete Zug und Quadrille aus „Carmen".

9. April: Reise des Königs und der Königin über den
Bodensee, auf der Gotthardbahn nach Lugano und Bellaggio. Hôtel Grande Bretagne. Schönes Frühjahrswetter.
Zur Feier des 23. April wird ein Ausflug nach dem
zwischen beiden Armen des Sees gelegenen Civenna, von
wo aus sich eine reizende Aussicht nach Lecco bietet, unternommen. Ovationen der Stadt Belaggio. Aus den Gärten
des Herzogs von Melzi wird ein Bouquet von 5 m
Umfang überreicht. Am 30. empfangen König und Königin
den Besuch des Generalfeldmarschalls Graf Moltke, welcher
sich in dem gegenüberliegenden Cadenabbia einquartiert hat.
Gemeinschaftlicher Spaziergang nach der Villa Serbelloni.
Erbprinz und Erbprinzeß von Sachsen-Meiningen treffen in
der Villa Carlotta ein. Der König reist am 9. Mai zurück. Die Königin trifft über Venedig und Morawetz am
17. Mai in Strehlen ein.

26. Mai bis 2. Juni: Erster Besuch des Königspaares in
dem neuen Besitz Sibyllenort.

4. bis 9. Juni: Reise der Königin zur Trauerfeier für den verewigten Fürsten von Hohenzollern nach Sigmaringen.

9. Juni: Huldigung der Einwohnerschaft von Strehlen zu Ehren des fünfundzwanzigjährigen Jubiläums der Majestäten als Bewohner von Strehlen.

19. Juli: Das Königspaar sah den Einzug der Turner bei dem großen Turnfest in Dresden vom Balkon des Schlosses und besuchte nachmittags den Festplatz.

3. bis 9. August: Reise des Königs und der Königin nach Rügen. Kurzer Aufenthalt in Charlottenburg bei dem Erbprinzen von Sachsen-Meiningen. Stralsund, Niederhof, Putbus, Saßnitz, Stubbenkammer, Bergen.

15. September bis 13. Oktober: Reise der Königin nach Ragatz zur verwitweten Fürstin von Hohenzollern und nach Sigmaringen.

22. November bis 2. Dezember: Reise der Königin nach Baden-Baden.

1886.

15. bis 17. Februar: König und Königin in Leipzig.

20. März: Die Königin reist mit Prinzessin Maria Josepha nach Meran. Zweitägiger Aufenthalt in München auf der Hinreise. Wohnung in Schloß Trautmannsdorf. Kurzer Ausflug nach Venedig und Zusammentreffen mit Prinzessin Mathilde. Rückkehr 20. April.

24. Juni: König und Königin besuchen die Ausstellung des Exportvereins für das Königreich Sachsen.

6. und 7. Juli: Reise der Königin nach Schwarzenberg und

Schneeberg, um die Gewerbezeichen- und Klöppelschule zu sehen.

22. Juli: Die Königin besucht die Wohlthätigkeitsanstalten in Pirna, Berggießhübel, Gottleuba und Zehista.

29. Juli: König und Königin reisen nach Berlin, um die Jubiläums-Ausstellung zu sehen.

30. August bis 2. September: Besuch des Königs von Portugal.

9. September: Die Königin bei dem Manöver in der Nähe von Zwickau.

2. Oktober: Hochzeit der Prinzessin Maria Josepha, Herzogin zu Sachsen, mit dem Erzherzog Otto von Österreich.

7. Oktober bis 4. November: Reise der Königin nach der Schweiz zu den Hohenzollernschen Verwandten, nach Sigmaringen und Baden-Baden.

10. und 11. Dezember: Besuch des Prinzregenten Luitpold von Bayern.

1887.

26. bis 29. Januar: König und Königin in Leipzig.

20. und 21. März: Besuch des Königs und der Königin von Rumänien.

20. März: Lebende Bilder bei Hofe.

21. bis 25. März: Reise des Königspaares nach Berlin, um den Kaiser zu seinem 90. Geburtstage zu beglückwünschen.

13. bis 22. April: Reise der Königin zum Grafen und zur Gräfin von Flandern nach Brüssel.

23. April: Prinz und Prinzessin Wilhelm von Preußen zur Beglückwünschung anwesend.

9. Mai: König und Königin empfangen Prinz und Prinzeß
Romatsu von Japan.

15. Juni: Das Königspaar in Leipzig zum Albertfest im
Krystallpalast.

17. Juni: Reise der Königin nach Reichenau zu Erzherzog Karl
Ludwig und Erzherzogin Maria Theresia und nach Klagenfurt zu Erzherzog Otto und Erzherzogin Maria Josepha.
Am 2. Juli von Klagenfurt nach Umkirch; am 18. Juli,
von Maria Halden kommend, zurück.

1. Oktober: Reise der Königin zur Herzogin Mutter von Genua
nach Streja am Lago maggiore und über Sigmaringen am
26. Oktober zurück.

1888.

19. bis 23. Februar: König und Königin in Leipzig.

5. März: Reise des Königs und der Königin nach München.
Die Königin reist am 6. März zu längerem Aufenthalt
nach Riva, wohin der König am 26. März nachfolgt. Rück
reise des Königs nach Strehlen am 8. April. Die Königin
besucht von Riva aus die Herzogin von Hamilton in Cannes
und trifft am 20. April in Strehlen ein.

9. März: Tod des Kaisers Wilhelm I.

10. bis 15. Juni: Reise der Königin nach Morawetz.

15. Juni: Tod des Kaisers Friedrich III.

5. Juli bis 15. August: Reise des Königspaares nach Berlin,
Dänemark, Schweden und Norwegen.

18. August: König und Königin sind bei der Enthüllung des
Siegesdenkmals zu Leipzig anwesend.

27. August: Kaiser Wilhelm II. in Dresden und Pillnitz zu Besuch.

30. August bis 2. September: Reise des Königs und der Königin nach Berlin zur Taufe des Prinzen Oskar, bei dem die Königin Patenstelle versah.

8. Oktober: Die Königin besichtigt die Baugruppe des gemeinnützigen Bauvereins.

8. bis 29. Oktober: Reise der Königin nach Baden-Baden an das Sterbebett der Herzogin von Hamilton. Auch der König ist zur Beisetzung anwesend.

22. November bis 3. Dezember: Reise der Königin zur verwitweten Fürstin von Hohenzollern nach Sigmaringen.

1889.

28. Februar bis 4. März: König und Königin in Leipzig.

23. April: Überraschender Glückwunschbesuch des Kaisers und der Kaiserin.

11. Mai: Abreise des Königs und der Königin nach Ems. Absteigequartier: „Zu den vier Türmen." Die Königin reist am 23. Mai nach Brüssel und Les Amérois, dem Sommersitz des Grafen von Flandern. Das Königspaar trifft sich in Köln und reist am 5. Juni nach Strehlen zurück.

15. bis 19. Juni: Feier des Wettiner Jubiläums.

23. Juni bis 22. Juli: Reise der Königin nach Sigmaringen und Brennerbad. Von dort zum Besuch der Kronprinzessin von Schweden nach Franzensbad. Der König war nach Kassel zur Jagdausstellung, dann nach Baireuth gereist und traf in Franzensbad mit der Königin zusammen.

12. August: Besuch des Kaisers von Österreich in Pillnitz.

5. bis 10. September: Kaisermanöver.

6. September: Kaiserin und Königin bei der Parade des Armeekorps unweit Naundorf.

15. Oktober bis 3. November: Reise der Königin zur verwitweten Fürstin von Hohenzollern nach Sigmaringen.

7. November: König und Königin in Leipzig zur Ausstellung von Gemälden älterer Meister in Privatbesitz.

2. Dezember: König und Königin empfangen den Prinzen und die Prinzessin Arigusawa Takehito von Japan.

1890.

7. Januar: Tod der Kaiserin Augusta.

6. März: Abreise der Königin nach Nervi (Hôtel Pension Anglaise). Zusammensein mit der Kronprinzessin von Schweden.

24. März: Weiterreise mit dem Könige nach Mentone (Hôtel d'Italie).

21. April: König und Königin reisen von Mentone nach Turin zur Herzogin-Mutter von Genua. Zu Königs Geburtstag Ausflug nach Schloß Aglié, Sommersitz des Herzogs von Genua.

29. April: Rückkehr nach Strehlen.

11. August bis 15. September: Reise der Königin nach Blankenberghe. Prinz Max folgt ihr dorthin.

30. September bis 24. Oktober: Reise der Königin zur Fürstin-Witwe von Hohenzollern nach Sigmaringen.

1891.

1. bis 5. Februar: König und Königin in Leipzig.

11. bis Ende März: Reise der Königin nach Baden-Baden zur verwitweten Fürstin von Hohenzollern.

31. März: Kurze Anwesenheit der Kaiserin Auguste Viktoria in Dresden zur Konfirmation ihrer Schwester, der Prinzessin Feodore, Herzogin zu Schleswig-Holstein.

23. April: Anwesenheit des deutschen Kaisers zum Geburtstage des Königs.

22. Juni: Verlobung des Prinzen Friedrich August mit Erzherzogin Luisa, Prinzessin von Toskana.

15. bis 17. Juli: Das Königspaar besucht die internationale Kunstausstellung in Berlin.

20. Juli: Abreise der Königin zur verwitweten Fürstin von Hohenzollern nach Umkirch.

30. Juli: Gelegentlich der Feier des hundertjährigen Bestehens des 2. Husaren-Regiments Nr. 19 ernennt der König die Königin zum Chef desselben. Das Regiment trägt den Namen: 2. Königin Husaren-Regiment Nr. 19.

11. August: Rückkehr der Königin aus Süd-Deutschland. Der König war am 3. August mit der Königin in München zusammengetroffen; das Königspaar hatte die bayerischen Königsschlösser besucht.

21. August: König und Königin sind bei der Einsegnung der sterblichen Hülle der verstorbenen Frau von Montbé, geb. von Nostiz und Jänckendorff, zugegen.

29. August: Die Königin besichtigt ihr Regiment beim Exerzieren der 2. Kavallerie-Brigade Nr. 24 unweit Markranstädt.

30. August bis 22. September: Aufenthalt der Königin in Blankenberghe.

19. Oktober bis 4. November: Reise der Königin nach Sigmaringen und Baden-Baden, wohin auch der König kommt.

18. bis 21. November: Reise des Königs und der Königin nach Wien zu den Feierlichkeiten der am 21. November erfolgenden Vermählung des Prinzen Friedrich August mit der Erzherzogin Luisa, Prinzessin von Toskana.

23. bis 25. November: Feierlichkeiten wegen des am 23. er folgenden Einzuges des neu vermählten prinzlichen Paares in Dresden.

1892.

24. März: Abreise der Königin nach Mentone Hôtel d'Italie — wohin der König am 5. April nachfolgt. Aufenthalt bis 29. April. Auf der Rückreise über den Gotthard Besuch am Württembergischen Hofe in Stuttgart. Rückkehr am 3. Mai.

24. Juni: Besuch des italienischen Königspaares.

26. Juni: König und Königin bei der Einsegnung des verstorbenen Oberkammerherrn Graf Vitzthum von Eckstädt.

2. Juli bis 15. August: Reise des Königs und der Königin nach Tegernsee zur Vermählung der Prinzessin Amalie in Bayern mit dem Herzog von Urach, dann nach München, Freiburg i. B., Umkirch, von wo der König zurückkehrt. Die Königin nimmt vom 17. Juli bis 9. August in

Scheveningen Aufenthalt, reist zum Grafen und zur Gräfin von Flandern nach Les Amérois bei Bouillon und kehrt am 15. August nach Dresden zurück. Von Les Amérois aus besucht die Königin Sedan.

15. September bis 14. Oktober: Aufenthalt der Königin in Moritzburg zu einer Trinkkur.

16. September: Jubelfeier des fünfundzwanzigjährigen Bestehens des Albertvereins.

17. September: Stiftung der Carola-Medaille für hilfreiche Nächstenliebe.

2. und 3. Dezember: Besuch des deutschen Kaisers.

1893.

15. Januar: Geburt des Prinzen Georg des Jüngeren.

26. bis 28. Januar: Die Königin in Berlin zur Hochzeit der Prinzessin Margarethe von Preußen mit dem Landgrafen Friedrich Karl von Hessen.

6. bis 9. März: Die Königin in Leipzig.

14. bis 28. März: Reise der Königin nach Baden-Baden.

6. April: Besuch des Königspaares am Altenburger Hofe.

12. April: Die Königin besucht die Haushaltungs und Koch- schule zu Freiberg.

16. Juli bis 8. August: Reise des Königspaares nach Sche- veningen (Hôtel Orange). Ausflüge nach dem Haag, nach Haarlem, Amsterdam, Loo.

12. August: Verlobung des Prinzen Johann Georg mit Her zogin Maria Isabella von Württemberg.

Von Ende August ab: Mehrwöchentlicher Aufenthalt der Königin in Moritzburg.

22. September bis 22. Oktober: Reise der Königin nach Morawetz, dann nach Keszthély am Plattensee zur Gräfin Festetics, Wien, Umkirch und Baden Baden.

22. Oktober: Fünfzigjähriges Militär=Dienst Jubiläum des Königs. Das gesamte deutsche Vaterland und das Ausland nehmen an dem Ehrentage teil. Anwesenheit des deutschen Kaisers mit allen kommandierenden Generalen des deutschen Heeres.

31. Dezember: Geburt des Prinzen Friedrich Christian.

1894.

17. Januar: Besuch des Prinzen Yorihito Komatsu.

3. bis 10. April: Reise der Königin zur Vermählung des Prinzen Johann Georg mit der Herzogin Marie Isabella von Württemberg nach Stuttgart und zur verw. Fürstin von Hohenzollern nach Baden Baden.

14. und 15. April: Einzugsfeierlichkeiten des Prinzen und der Prinzeß Johann Georg in Dresden.

23. April: Der deutsche Kaiser ist zum Geburtstag des Königs anwesend.

25. Mai bis 2. Juni: Reise der Königin zur Vermählung des Prinzen Karl Anton von Hohenzollern mit der Prinzessin Josephine von Belgien nach Brüssel.

16. Juli bis 4. August: Aufenthalt der Königin in Eichwald zum Gebrauch einer Teplitzer Badekur.

25. September bis 3. Oktober: Aufenthalt der Königin in Moritzburg.

6. Oktober: Abreise der Königin nach Umkirch zur verw. Fürstin von Hohenzollern. Aufenthalt in Sigmaringen.

11. bis 16. November: Besuch des Königs und der Königin am Großherzoglich Baden'schen Hofe in Baden=Baden.

4. und 5. Dezember: Die Königin besucht Prinz und Prin= zessin Karl Anton von Hohenzollern in Potsdam.

1895.

4. bis 7. Februar: Aufenthalt des Königspaares in Leipzig.

7. bis 26. März: Reise der Königin zur verw. Fürstin von Hohenzollern nach Sigmaringen.

14. und 15. April: Reise der Königin nach Potsdam zur Taufe der Prinzessin Stephanie, Tochter des Prinzen Karl Anton von Hohenzollern.

23. April: Der deutsche Kaiser zum Geburtstage des Königs anwesend.

6. Juli: Einweihung der „Königin Carola=Brücke".

9. August bis 6. September: Reise der Königin in Be= gleitung der Prinzessin Friedrich August nach Blanken= berghe (Grand Hôtel des Bains et des Familles).

30. September bis 29. Oktober: Reise der Königin nach Um= kirch und Sigmaringen.

26. November: Die Königin wohnt dem Kostümfest des Albert= zweigvereins im Neuen Stadttheater zu Leipzig bei.

1896.

28. und 29. Januar: Besuch des Königs und der Königin von Württemberg.

4. bis 8. Februar: König und Königin in Leipzig.

8. bis 18. Februar: Reise der Königin nach Brüssel zur Ver-mählung der Prinzessin Henriette von Belgien mit dem Prinzen Emanuel von Orleans, Herzog von Vendôme.

8. März: Feier des fünfzigjährigen Militärdienstjubiläums des General-Feldmarschalls Prinz Georg.

23. April: Anwesenheit des deutschen Kaisers an Königs Ge-burtstag.

30. April: Die Königin giebt dem Albertverein ein Erinnerungs-und Frühjahrsfest in Moritzburg.

2. Mai: König und Königin bei der Eröffnung der 2. Inter-nationalen Gartenbau-Ausstellung und der damit verbun-denen Weihe des neuen Ausstellungspalastes.

9. Mai: Besuch des Kaisers und der Kaiserin gelegentlich der Gartenbau-Ausstellung.

15. und 16. Juni: Aufenthalt der Königin in Morawetz.

20. Juni: König und Königin sind bei der Eröffnung der Aus-stellung des sächsischen Handwerks und Kunstgewerbes zu-gegen.

1. bis 26. Juli: Reise der Königin nach Brennerbad.

2. bis 29. Oktober: Reise der Königin nach Umkirch und Sig-maringen.

9. Dezember: Geburt des Prinzen Ernst Heinrich.

1897.

17. Februar: König und Königin besuchen die Brandstätte der Kreuzkirche.

18. Februar bis 13. April: Reise des Königspaares nach Mentone-Cap Martin.

23. April: Besuch des Kaisers und der Kaiserin.

25. April bis 20. Mai: Badereise der Königin nach Karlsbad.

14. Juni: König und Königin wohnen der Einweihung der umgebauten Universitätsgebäude in Leipzig bei und besuchen die Sächsisch-Thüringische Industrie- und Gewerbe-Ausstellung.

20. Juni: Eröffnung der Internationalen Kunstausstellung zu Dresden.

18. Juli: Reise nach Plauen und Bad Elster.

24. bis 27. August: Besuch des Königs von Siam.

6. September: Die Königin besucht die Sächsisch-Thüringische Industrie- und Gewerbe-Ausstellung in Leipzig.

7. September: Die Königin besucht die Kochschule, sowie das städtische Krankenhaus und das Armenhaus in Meerane.

Anlage B.

Einige genealogische Angaben.

König Albert von Sachsen, geb. 1828, vermählt 1853.
Königin Carola, geb. 1833.

Die Großeltern des Königs Albert.

Väterlicherseits:

Prinz Maximilian, Herzog zu Sachsen, geb. 1759, verm. 1792, gest. 1838.

Prinzessin Carolina, geb. 1770, gest. 1804, Tochter des Herzogs Ferdinand I. von Parma.

Stiefgroßmutter: Prinzessin Louise, geb. 1802, verm. 1825, gest. 1857, Tochter des Königs Ludwig I. von Etrurien, Prinzessin von Lucca.

Mütterlicherseits:

König Maximilian I. von Bayern, geb. 1756, verm. in zweiter Ehe 1797, gest. 1825.

Königin Caroline, geb. 1776, gest. 1841, Tochter des Erbprinzen Karl Ludwig von Baden.

Königin Carola.   14

Die Eltern des Königs Albert.

König Johann von Sachsen, geb. 1801, verm. 1822, gest. 1873.

Königin Amalie, geb. 1801, gest. 1877, Tochter des Königs
Maximilian I. von Bayern.

Geschwister des Königs Albert und deren Familien.

Maria, geb. 1827, gest. 1857.

Elisabeth, geb. 1830, verm. 1850 mit Ferdinand, Herzog von
Genua (geb. 1822). Witwe 1855. Morganatisch verm. 1856
mit Nicolo Marchese Rapallo. Witwe 1882.

Kinder 1. Ehe:

Margaretha, geb. 1851, verm. 1868 mit König Humbert
von Italien (geb. 1844).

(Regierendes italienisches Königshaus).

Sohn:

Viktor Emanuel, Kronprinz von Italien, geb. 1869,
verm. 1896 mit Helene, Prinzessin von Monte=
negro (geb. 1873).

Thomas, Herzog von Genua, geb. 1854, verm. 1883
mit Isabella, Prinzessin von Bayern (geb. 1863).

Kinder:

Ferdinand, geb. 1884.

Philibert, geb. 1895.

Margaretha, geb. 1896.

Ernst, geb. 1831, gest. 1847.

Georg, geb. 1832, verm. 1859 mit Doña Maria Anna Gonzaga
de Braganza=Bourbon, Herzogin zu Sachsen, Infantin von
Portugal und Algarbien (geb. 1843). Witwer 1884.

Kinder:

Marie, geb. 1860, gest. 1861.

Elisabeth, geb. 1862, gest. 1863.

Mathilde, geb. 1863.

Friedrich August, geb. 1865, verm. 1891 mit Erzherzogin
Luisa von Österreich-Toskana (geb. 1870).

Söhne:

Georg, geb. 1893.

Friedrich Christian, geb. 1893.

Ernst Heinrich, geb. 1896.

Maria Josepha, geb. 1867, verm. 1886 mit Erzherzog
Otto von Österreich (geb. 1865).

Söhne:

Karl, geb. 1887.

Maximilian, geb. 1895.

Johann Georg, geb. 1869, verm. 1894 mit Isabella,
Herzogin von Württemberg (geb. 1871).

Max, geb. 1870.

Albert, geb. 1875.

Sidonie, geb. 1834, gest. 1862.

Anna, geb. 1836, verm. 1856 mit Erbgroßherzog Ferdinand von
Toskana (geb. 1835), gest. 1859.

Tochter:

Antoinette, geb. 1858, gest. 1883.

Margarethe, geb. 1840, verm. 1856 mit Erzherzog Karl Ludwig
von Österreich (geb. 1833), gest. 1858.

Sophie, geb. 1845, verm. 1865 mit Herzog Karl Theodor in
Bayern (geb. 1839), gest. 1867.

14*

Tochter:

Amalie, geb. 1865, verm. 1892 mit Wilhelm, Herzog
von Urach (geb. 1864).

Kinder:

Gabriele, geb. 1893.

Elisabeth, geb. 1894.

Carola, geb. 1896.

Geschwister des Königs Johann.

Amalia, geb. 1794, gest. 1870.

Maria, geb. 1796, verm. 1821 mit Großherzog Ferdinand III.
von Toskana (geb. 1769), verw. 1824, gest. 1865.

Friedrich August II., König von Sachsen, geb. 1797, verm. 1819
mit Erzherzogin Karoline (geb. 1801, gest. 1832), Tochter
des Kaisers Franz I. von Österreich; wiederverm. 1833 mit
Maria (geb. 1805, gest. 1877), Tochter des Königs
Maximilian I. von Bayern, gest. 1854.

Clemens, geb. 1798, gest. 1822.

Maria Anna, geb. 1799, verm. 1817 mit Großherzog Leopold II.
von Toskana (geb. 1797), gest. 1832.

Maria Josepha, geb. 1803, verm. 1819 mit König Ferdinand VII.
von Spanien (geb. 1784), gest. 1829.

Geschwister der Königin Amalie.

a) Aus des Königs Maximilian I. von Bayern erster Ehe mit
Wilhelmine, des Prinzen Georg von Hessen-Darmstadt Tochter
(starb 1796):

Ludwig I., König von Bayern, geb. 1786, gest. 1868.

(Jetzige Nachkommen: Regierendes bayerisches Königshaus).

Auguste, geb. 1788, verm. 1806 mit Eugen Beauharnais, Herzog von Leuchtenberg. Witwe 1824, gest. 1851.

(Jetzige Nachkommen: Haus Romanowski Beauharnais.)

Amalie, geb. 1790, gest. 1794.

Caroline (Charlotte), geb. 1792, verm. 1808 mit Kronprinz Wilhelm von Württemberg, geschieden 1814, wiedervermählt 1816 mit Kaiser Franz I. von Österreich, Witwe 1835, gest. 1873.

Karl, geb. 1795, morganatisch vermählt 1808 mit Sophie Volley, gest. 1875.

b) Aus des Königs Maximilian I. zweiter Ehe mit Caroline, des Erbprinzen Karl Ludwig von Baden Tochter (starb 1841):

Elisabeth, geb. 1801, verm. 1823 mit Friedrich Wilhelm IV., König von Preußen (geb. 1795), verm. 1861, gest. 1873.

Sophie, geb. 1805, verm. 1824 mit Erzherzog Franz Karl von Österreich (geb. 1802), gest. 1872.

(Jetzige Nachkommen: Regierendes österreichisches Kaiserhaus.)

Marie, geb. 1805, verm. 1833 mit König Friedrich August II. von Sachsen (geb. 1797), verw. 1854, gest. 1877.

Ludowica, geb. 1808, verm. 1828 mit Maximilian, Herzog in Bayern (geb. 1808), verw. 1888, gest. 1892.

(Jetzige Nachkommen: Herzogliches Haus Bayern.)

Caroline, geb. 1810, gest. 1821.

Die Großeltern der Königin Carola.

Väterlicherseits:

König Gustav IV. Adolf von Schweden, geb. 1778, verm. 1797, gest. 1837.

Königin Friederike, geb. 1781, gest. 1826, Tochter des Erbprinzen Karl Ludwig von Baden.

Mütterlicherseits:

Großherzog Karl von Baden, geb. 1786, verm. 1806, gest. 1818.
Großherzogin Stephanie, geb. 1789, gest. 1860, Tochter des
Grafen Claude de Beauharnais, Adoptivtochter des Kaisers
Napoleon I.

Die Eltern der Königin Carola.

Prinz Gustav von Wasa, geb. 1799, verm. 1830, gest. 1877.
Prinzessin Louise, geb. 1811, gest. 1854, Tochter des Großherzogs Karl von Baden.

Geschwister des Prinzen Gustav von Wasa.

Sophie, geb. 1801, verm. 1819 mit Großherzog Leopold von
Baden (geb. 1791), verw. 1852, gest. 1865.
(Jetzige Nachkommen: Regierendes großherzogliches Haus
Baden.)
Amalie, geb. 1805, gest. 1853.
Cäcilie, geb. 1807, verm. 1831 mit Großherzog August von
Oldenburg (geb. 1783), gest. 1844.

Geschwister der Prinzessin Louise von Wasa.

Karl, geb. und gest. 1812.
Josephine, geb. 1813, verm. 1834 mit Fürst Karl Anton von Hohenzollern (geb. 1811), verw. 1885.

(Jetzige Nachkommen: Fürstliche Linie Hohenzollern und Rumänisches Königshaus.)

Alexander, geb. 1816, gest. 1817.

Marie, geb. 1817, verm. 1843 mit William, Herzog von Ha=
milton (geb. 1811), verw. 1863, gest. 1888.

Anlage C.

Persönlicher Hofstaat Ihrer Königlichen Hoheit der Prinzessin, dann Kronprinzessin Carola.

— Oberhofmeisterin: Henriette Freifrau von Werthern, geb. von Wuthenau 1853—1858.

— Helene Gräfin von Wallwitz, geb. Edle von der Planitz 1869—1871.

— Hofdame: Anna Gräfin von Schall-Riaucourt 1853—1865.

— Marie von Minckwitz 1858—1870.

Irma Gräfin von Wallwitz 1865—1871.

Helene von Tschirschky-Bögendorff 1870—1871.

Marie Gräfin Einsiedel 1871*).

Anna Gräfin von Waldburg-Zeil-Trauchburg 1871*).

Kammerdienerin: Marie Schulze 1853*).

Garderobière: Bertha Haupt 1853—1868.

Louise Focke 1853*).

Marie Cornelie Gruber 1868—1871.

Marie Fliegel 1871*).

*) In den Hofstaat I. M. der Königin übernommen.

Leibwäscherin: Louise Marie Brenne 1853*).

Garderobefrau: Marie Heinze 1853*).

Kammerherr: Hofmarschall Eduard von Zezschwitz 1854—1867.

Hofmarschall Clemens Senfft von Pilsach 1868—1873.

Kammerdiener: Carl Heinrich Herrmann 1853*).

Ernst Eduard Friedrich Kölitz 1859*).

Perſönlicher Hofſtaat Ihrer Majeſtät der Königin.

Oberhofmeiſterin: Thereſe von Globig, geb. von Weißenbach 1873—1888.

Louiſe von Pflugk, geb. von Thielau. Seit 1888.

Hofdame: Marie Gräfin von Einſiedel**). Bis 1876.

Anna Gräfin von Waldburg-Zeil-Trauchburg**). Bis 1875.

Marie von Fabrice 1875—1877.

Hermine Freiin von Palm 1876-1878.

Clementine Gräfin von Einſiedel. Seit 1877.

Antonie Freiin von Lützerode 1878—1881.

Franziska Gräfin von Strachwitz 1881—1885.

Elſe von Carlowitz 1885—1888. 1891—1894.

Eva Freiin von Miltitz 1888—1890.

Gabriele Gräfin Reuttner von Weyl. Seit 1895.

Hoffräulein: Ada von Abeken. Seit 1893.

Marie von Borries. Seit 1893.

Carola von Nauendorff. Seit 1893.

---

*) In den Hofſtaat J. M. der Königin übernommen.
**) Aus dem Hofſtaat J. K. H. der Kronprinzeſſin übernommen.

*

— 218

Marie von Oppell. Seit 1893.

Kammerdienerin: Marie Schulze*). Bis 1874.
Aloisia vom Dziembowska 1874—1893.
Marie Cornelia Gruber**). Seit 1874.
Marie Fliegel*)**). Seit 1872.

Garderobière: Louise Jocke*). Bis 1880.
Wilhelmine Auguste Theile 1880—1883.
Josepha Mitzschke. Seit 1883.
Bertha Kurth. Seit 1897.

Leibwäscherin: Louise Marie Brenne*). Bis 1893.
Therese Auguste Dorn. Seit 1893.

Garderobefrau: Marie Sophie Heinze*). Bis 1891.
Johanna Caroline Roch. Seit 1875.
Amalie Ernestine Schenke. Seit 1891.

Stubenmädchen: Christiane Marie Emma Schubert, später
verehelichte Hunger 1874—1894.
Ernestine Sylvia Lucie Wolffersdorff. Seit 1894.

Oberhofmeister: Karl von Lüttichau 1874—1889.
Werner von Watzdorf 1889—1895.
Theodor von Malortie. Seit 1895.

Kammerherr: Hans von Minckwitz. Seit 1878.

Kammerzahlmeister: Ernst Robert Fritzsche 1874—1877.
Ernst Friedrich Eduard Kölitz 1877—1880.
Karl Wilhelm Grieshammer***). Seit 1880.

---

*) Aus dem Hofstaat J. K. H. der Kronprinzessin übernommen.
**) Bis 1896 Garderobière.
***) Mit der Führung der Kammerzahlamtsgeschäfte beauftragter
Kanzleirat.

Kammerzahlamtskanzlist: Arthur Hugo Winkler. Seit 1876.

Kammerzahlamtsaufwärter: Jakob Wenzel 1877—1878.

Johann Karl Rämsch 1879—1894.

Karl Wilhelm Friedrich. Seit 1894.

Kammerdiener: Karl Heinrich Herrmann*). Bis 1888.

Ernst Eduard Friedrich Kölitz*). Bis 1877.

Christian Gottlieb Wilhelm Vogel**) 1877—1881.

Friedrich August Riedel 1881—1883.

Friedrich Emil Wilhelm Hohlfeld. Seit 1883.

Friedrich August Hentsch. Seit 1888.

Kammerlakaien: Karl August Grellmann 1874—1876.

Traugott Ernst Hattenius 1874—1891.

Christian Gottlieb Wilhelm Vogel 1877.

Karl August Otto Henne 1877—1885.

Johann Theodor Julius Schäfer. Seit 1885.

Michael Glausch. Seit 1891.

*) Aus dem Hofstaat J. K. H. der Kronprinzessin übernommen.
**) Hatte nur den Titel „Kammerthürhüter".